Tim van Iersel

Vergisst mich Gott, wenn ich Gott vergesse?

Demenz und Glaube

Aus dem Niederländischen
von Ulrike Hinkel

BRUNNEN
Verlag GmbH · Giessen

Die Originalausgabe ist erschienen unter dem Titel:
Godvergeten. Gedachten over geloof en dementie

MIX
Papier aus verantwortungsvollen Quellen
FSC® C083411
FSC www.fsc.org

Lektorat: Konstanze von der Pahlen
Umschlagfoto: shutterstock
Umschlaggestaltung: Daniela Sprenger
Satz: DTP Brunnen
Druck: CPI books GmbH
Gedruckt in Deutschland
ISBN Buch 978-3-7655-4362-3
www.brunnen-verlag.de

Inhalt

Vorwort

Wie geht man mit Demenz um? Wie komme ich damit zurecht, dass ein Angehöriger an Demenz erkrankt ist oder erste Anzeichen bei mir selbst zu erkennen sind?

Hilfesuchende finden darauf Antworten in vielen Broschüren und Büchern. Was bisher fehlte, war ein Buch, das zeigt, was sich verändert, wenn der christliche Glaube ins Spiel kommt. Der niederländische Demenz-Pfarrer Tim van Iersel hat das auf ansprechende Weise getan. Er wollte sich nicht damit abfinden, dass Gott in der Literatur über Demenz weithin „vergessen" wird. Deshalb setzt er Glaube und Demenz in Beziehung zueinander.

Godvergeten – der niederländische Titel ist doppeldeutig, meint sowohl „Gott vergessen" wie „von Gott vergessen". In der Demenz vergessen Menschen nicht nur, wer *sie* sind. Sie sind dabei, *Gott* zu vergessen, und fühlen sich bisweilen auch *von Gott* vergessen. Aber stimmt das? Vergisst mich Gott, wenn ich Gott vergesse?

Mit seinem Buch stellt van Iersel sich an die Seite von Menschen, die angesichts einer Demenzerkrankung wissen wollen: Wo ist Gott jetzt? Diese Frage kann bei Betroffenen in der Frühphase aufbrechen, aber auch bei Angehörigen, die nach biblischer Orientierung fragen. Wer sich auf die Lektüre einlässt, wird spüren, wie der Glaube einen neuen Blick verleiht, in dem demenzkranke Menschen und ihre Angehörigen vor einem weiten Horizont mit den Augen der Liebe wahrgenommen werden.

Van Iersel kommt ursprünglich aus einer kleinen, streng calvinistischen Kirchengemeinschaft; aber in seiner seelsorglichen Praxis pocht er nicht auf lehrmäßige Richtigkeiten, sondern erweist sich als sehr sensibler, verständnisvoller Seelsorger. Gerade dies nimmt die Leserin, den Leser für seine Gedanken ein, die immer von einer konkreten Begegnung ausgehen und ins Gespräch verwickeln.

Tim van Iersel wagt es, persönlich zu sprechen, manchmal bekenntnishaft, manchmal im Stil einer Predigt. Wenn er Texte aus Gottes Wort ins Gespräch bringt, werfen sie ein überraschendes Licht auf die Dinge. So kann aus biblischer Perspektive am Leben mit Demenz etwas entdeckt werden, was wir sonst nicht gesehen hätten. Das zweite Kapitel („Loslassen") bietet schöne Beispiele dafür, wie die Bibel uns von Gott her ein tieferes Verständnis des Lebens eröffnet und uns erkennen lässt, was bisher Leben verhindert hat.

Im Gegensatz zur älteren Generation niederländischer Theologen lesen die Jüngeren kaum noch deutsche theologische Literatur. Daraus erklärt sich, dass van Iersel in seinem Buch nur Niederländer oder Autoren aus dem englischsprachigen Raum zitiert. Sein wichtigster Gewährsmann, John Swinton, ist Pfarrer der Church of Scotland und lehrt als praktischer Theologe an der Universität Aberdeen. Swinton gründete dort ein Zentrum für Spiritualität, Gesundheit und Behinderung. Er hat u. a. über das Problem des Bösen und über Demenz aus geistlicher Perspektive geschrieben. Leider kommt diese Perspektive in der deutschen protestantischen Theologie zu wenig zur Geltung; kein Buch Swintons ist ins Deutsche übersetzt.

Im siebten Kapitel geht van Iersel auf die Frage ein, ob Sterbehilfe (Euthanasie) moralisch zu verantworten sei. In den Niederlanden sind Tötung auf Verlangen wie auch Beihilfe zur Selbsttötung strafbar. Seit 2002 wird jedoch in Situationen unerträglichen und unheilbaren Leidens aktive Sterbehilfe zugelassen, wenn der Patient sie ausdrücklich wünscht und zwei Ärzte den Sachverhalt nach sechs Kriterien überprüft haben. Danach nahm die Zahl der Sterbehilfefälle erheblich zu, innerhalb von fünf Jahren vervierfachte sich die Zahl der Demenzkranken, die durch Sterbehilfe starben.[1]

Aktive Sterbehilfe ist in Deutschland verboten. Das galt bisher nach § 217 Abs. 1 StGB auch für assistierten Suizid (Selbsttötung), wenn er geschäftsmäßig gefördert wurde. Hinter dieser Regelung stand die Sorge des Gesetzgebers, dass der assistierte Suizid sich als normale Form der Lebensbeendigung insbesondere für alte und kranke Menschen verbreiten könnte. Der Bundestag wollte verhindern, dass Suizidhilfe-Vereine wie „Sterbehilfe Deutschland" oder „Dignitas" aus der Schweiz ihre Angebote für zahlende Mitglieder ausweiten. Angehörige und „Nahestehende" waren vom Verbot ausgenommen.

Nach einer Verfassungsbeschwerde von schwer kranken Menschen, Ärzten und Sterbehilfevereinen hat das Bundesverfassungsgericht in seinem Urteil vom 26. Februar 2020 das Verbot der geschäftsmäßigen Suizidhilfe für verfassungswidrig erklärt.[2] Ärzte machen sich nun nicht mehr strafbar, wenn sie Hilfe beim Suizid leisten. Das Gericht stellte fest, dass das allgemeine Persönlichkeitsrecht das „Recht auf selbstbestimmtes Sterben“ umfasse. Dieses Recht schließe auch „die Freiheit ein, sich das Leben zu nehmen“. Weiter heißt es: „Die Freiheit, sich das Leben zu nehmen, umfasst auch die Freiheit, hierfür bei Dritten Hilfe zu suchen und Hilfe, soweit sie angeboten wird, in Anspruch zu nehmen.“ Allerdings könne niemand verpflichtet werden, aktive Sterbehilfe zu leisten.

Sowohl die christlichen Kirchen wie der Zentralrat der Juden in Deutschland halten die Strafbarkeit der geschäftsmäßigen Förderung der Selbsttötung nach wie vor für gerechtfertigt. Sie haben erklärt, dass Menschenwürde „nicht auf absolute Autonomie des Einzelnen verkürzt werden“ dürfe, „weil die Menschenwürde gerade auch Menschen zukomme, die nicht (mehr) zur Selbstbestimmung fähig seien“ (BVerfG, Urteil des Zweiten Senats vom 26. Februar 2020, Abs. 147).

Diesem Argument würde sicher auch Tim van Iersel zustimmen. Er betont, es sei wichtig, dass jeder Mensch seine Entscheidung verantworten kann. Für ihn geht es nicht zuerst um ein Ja oder Nein zur Sterbehilfe, sondern darum, gemeinsam dafür einzustehen, dass jeder Mensch wertvoll ist und bleibt.

Besondere Möglichkeiten, Gemeinschaft mit demenzkranken Menschen zu erleben, erschließt das Kapitel über Singen und Musik.[3] Van Iersel weist darauf hin, dass durch Musik Erinnerungen wachgerufen werden. Das geschieht auch bei bekannten Kirchenliedern: Personen, denen die Worte fehlen, singen die Lieder mühelos bis zur letzten Strophe. Auch eine Demenz kann diese Lieder nicht so schnell löschen.

Als Seelsorger weiß Tim van Iersel, was viele Altenseelsorgerinnen aus ihrer Praxis bestätigen: Durch Kirchenlieder wie durch religiöse Musik im weiteren Sinn wird eine Begegnung mit Gott ermöglicht, auch dann, wenn jemand nur still im Herzen mitsingt. Vor allem im gemeinsamen Singen solcher Lieder können Menschen eine lebendige Beziehung zu Gott pflegen und behalten.

Ich danke Pfarrerin Ulrike Hinkel, die den Originaltext in gut lesbares Deutsch übersetzt hat. Der Evangelischen Altenseelsorge im Dekanat Wiesbaden danke ich für die Bereitschaft, die Übersetzungskosten zu tragen.

Pfr. Dr. habil. Michael Heymel,
Buchautor und Experte für bibelorientierte Seelsorge
Limburg/Lahn im März 2020

Einleitung

„Ich habe in meinem Leben immer selbst Regie geführt“, erzählt sie mir. „Ich war unabhängig und kam gut allein zurecht.“ „Und jetzt?“, frage ich. „Jetzt? Jetzt kann ich mir nicht mal mehr mein Butterbrot schmieren. Ich habe vergessen, wie das geht.“ Sie seufzt. „Ich bin von Gott verlassen.“

In diesem Buch geht es um Demenz. Und um Gott. Das ist keine naheliegende Verbindung, im Gegenteil. Demenz kann sich – wie bei dieser Frau – anfühlen, als hätte Gott einen vergessen, als sei man von Gott verlassen. Viele fragen dann mit Nachdruck: „Wo ist Gott jetzt?“

Umgekehrt wächst die Angst, dass man auch selbst Gott verliert, die Quelle des Seins, wenn man alles vergisst. Und was bleibt dann?

Demenz und Gott sind keine selbstverständliche Verbindung. Und doch gehört zu meiner Erfahrung, dass beides zusammengehört. Menschen erleben Demenz als Gottverlassenheit und befürchten, dass sie selbst Gott vergessen. Aber es kommt auch vor, dass Demenzkranke und ihre Angehörigen sich von Gott besonders getragen wissen.

Vielleicht hat Gott zum Thema Demenz besonders viel zu sagen.

Es gibt reichlich Literatur über Demenz. Ich empfinde es allerdings als schmerzhafte Lücke, dass Gott dabei so oft vergessen wird. Die Literatur behandelt mit Recht medizinische Fragen. Sie widmet sich dem Verhalten dementer Menschen, möglichen Problemen im Umgang mit ihnen und gibt praktische Tipps. Um Gott geht es nicht, während ich erlebe, dass ER für Menschen mit Demenz und ihre Angehörigen ausgesprochen wichtig ist.

Demenz kommt immer häufiger vor. Das hat damit zu tun, dass wir immer älter werden. Dabei ist Demenz ein Sammelbegriff. Er umfasst verschiedene Krankheiten mit ähnlichen Symptomen wie Vergesslichkeit, Wortfindungsstörungen und Schwierigkeiten bei der Ausübung alltäglicher Handlungen. Die bekannteste Krankheit ist die Alzheimer-Erkrankung, aber es können auch andere Ursachen zugrunde liegen, wie Störungen in der Blutzufuhr zum Gehirn (vaskuläre Demenz) und Parkinson.[4]

Mein Vorgehen

Gott wird im Nachdenken und der Literatur über Demenz bisher vernachlässigt, während Demenz einen Menschen nach meiner Erfahrung gerade zum Kern seines Glaubens bringen kann.

Gerade weil demente Menschen so angewiesen und

verletzlich sind und ihre kognitiven Fähigkeiten nachlassen, gelangt man unweigerlich zu den Grundfragen des Lebens. Das betrifft die Kranken selbst und oft auch ihr Umfeld. Denn der Kontakt mit einem Erkrankten macht immer auch etwas mit mir selbst. Viele Fragen stellen sich neu:

Mit wem habe ich es zu tun, wenn ein Mensch mit Demenz jetzt so anders ist als früher? Wer bin ich selbst? Was bedeutet Gemeinschaft? Was ist echte Gleichheit? Wie kann man in Beziehung miteinander und mit Gott bleiben? Was ist das Leben wert? Was ist Liebe? Wer ist Gott?

Dieses Buch ist darum ein Versuch, über Demenz und über Gott zu sprechen. Mich leiten dabei die Themen, denen ich im Laufe der Jahre regelmäßig begegnet bin bei meinen Kontakten mit Betroffenen, in Diskussionen, bei Trainings und öffentlichen Lesungen.[5]

Die Themen verändern sich im Verlauf des Krankheitsprozesses. Am Anfang stehen andere Fragen im Vordergrund als in späteren Phasen. Der Aufbau dieses Buches folgt den bekannten Phasen der Krankheit.

Ich beginne mit den ersten Anzeichen der Demenz und den Themen, die die Betroffenen jetzt beschäftigen. Wenn ein Mensch die Diagnose Demenz erhält, stellt sich für viele die Frage: Warum? Warum ich? Warum gibt es diese Krankheit? Um diese Fragen wird es in Kapitel 1 gehen.

Im Verlauf der Erkrankung erleben Menschen, dass sie vieles aufgeben müssen. Alles scheint sich nun zu ändern, für die Betroffenen wie für ihre Angehörigen.

Da kommt schnell der Rat: „Du musst loslassen." Vielleicht aber ist das Festhalten genauso wichtig, auch im Hinblick auf den Glauben. Das werden wir in Kapitel 2 betrachten.

Wenn die Demenz fortschreitet, sagen Betroffene manchmal: „Ich habe nichts mehr zu geben. Ich bin nur noch eine Last." In Kapitel 3 werden wir uns damit auseinandersetzen, ob das tatsächlich so ist oder ob man als demente Person nicht doch noch viel geben kann. Und ob das Umfeld von einem Erkrankten nicht auch etwas bekommt.

Allmählich wächst die Angst, sich selbst zu verlieren und zu vergessen, wer man ist. *Dann gibt es mich nicht mehr,* fürchtet man. Wir müssen uns fragen, ob das wirklich so ist. Gott hat dazu Wichtiges zu sagen. Das werden wir in Kapitel 4 gemeinsam herausfinden.

Wenn Betroffene schließlich ihre Umgebung nicht mehr erkennen, geben Familienangehörige und Freunde häufig auf und stellen den Kontakt ein. Es kommt kaum noch Besuch, denn viele Bekannte wissen nicht, wie sie mit der Situation umgehen sollen. So gerät ein Demenzkranker aus dem Blick und wird vergessen. In Kapitel 5 sehen wir, wie wichtig es ist, dass ein dementer Mensch weiterhin dazugehört.

Ist ein dementer Mensch gar nicht mehr zu erreichen? Kann ein Dementer in der Spätphase gar nichts mehr aufnehmen und genießen? In Kapitel 6 entdecken wir die Kraft der Musik und des Singens, die selbst in dieser Phase zu wunderbaren Begegnungen führen kann – auch mit Gott.

In Kapitel 7 widmen wir uns der Frage: Wie kann man mit Demenz die Zukunft betrachten? Was erwartet einen im weiteren Leben, in dem die Demenz immer weiter fortschreitet und das Lebensende näher rückt? Können wir auch weiter schauen, über dieses Leben hinaus?

Ganz am Ende des Buches folgen noch einige praktische Anregungen, um Menschen mit Demenz mit der Gemeinschaft in Kontakt zu halten und sie nicht zu vergessen.

Sieben Kapitel widmen sich den verschiedenen Phasen der Demenz und den dazugehörigen Themen des Glaubens. Die Kapitel können unabhängig voneinander gelesen werden. Nicht ohne Grund sind es sieben, denn Sieben ist eine Zahl mit einer besonderen Bedeutung in der christlichen Tradition. Sie sagt uns, dass mitten in unserem Leben mit seiner Freude und seiner Last Gott anwesend ist. Nicht als billiger Trost oder als Verband um eine blutende Wunde, sondern in der Fülle des Lebens, in dem wir lachen und uns abrackern, uns unserer Sache sicher sind und Dinge infrage stellen.

Ich habe dieses Buch geschrieben, um die Fülle zu zeigen, die es auch in einem Leben mit Demenz geben kann. Es ist mein Wunsch, dass meine Gedanken Sie ermutigen und Ihnen Anregungen geben für den Umgang mit Demenz – und mit Gott.

1 Warum?

„Als ich die Diagnose Demenz bekam, fragte ich nur: Warum?", erzählt sie mir. „Warum ich? Warum lässt Gott es zu?" Es bringt ihren Glauben ins Wanken. „Wissen Sie es, Herr Pfarrer? Warum?"

Vielleicht hat man Sie das auch schon gefragt: Wie kann man an einen Gott glauben, der sich Liebe nennt, wenn man doch überall um sich herum sieht, wie viel Schreckliches es auf der Welt gibt? Vielleicht haben Sie diese Frage auch schon selbst gestellt. Kann ich überhaupt noch glauben, wenn ich jetzt mit Demenz konfrontiert bin? Wie kann mein Glaube mir helfen in dieser gottverlassenen Situation?

Ich frage auch so. Bei meiner Arbeit als Seelsorger in verschiedenen Altenheimen sehe ich jeden Tag, welches Leid Demenz verursachen kann. Ich begegne Menschen voller Angst und solchen, die ihre Lieben nicht mehr erkennen. Oder aber ich spreche mit Angehörigen, die ihre Nächsten nicht wiedererkennen, weil die demenzkranke Person jetzt so anders ist als früher.

In der niederländischen Interviewsendung *Het Vermoeden*[6] (Die Vermutung) berichtet Christa Reinhoudt davon. Christa ist 47 Jahre alt und damit in der Blütezeit ihres Lebens, wie man meinen könnte. Doch das ist bei ihr nicht der Fall. Sie erzählt: „Es fing damit an, dass ich Dinge vergaß, und dabei hatte ich doch immer ein so gutes Gedächtnis. Ich vergaß sogar zu essen. Und andere bemerkten, dass ich ihnen immer wieder dasselbe erzählte." Christa ist Seelsorgerin und aufgrund ihrer Berufserfahrung ahnt sie allmählich, was mit ihr los ist. Sie lässt sich untersuchen und tatsächlich stellt sich heraus, dass sie Demenz hat. Das ist sehr selten in diesem frühen Alter. Aber sie muss damit leben, so schwer es ist. „Früher hatte ich Pläne für die Zeit nach meiner Pensionierung. Daran brauche ich jetzt nicht mehr zu denken."

Wenn es einen Gott gibt, warum gibt es dann Demenz? Leid, das wir selbst verursachen, können wir uns vielleicht noch damit erklären, dass wir selbst schuld daran sind. Aber bei Krankheiten, besonders wenn sie sich so früh bemerkbar machen wie bei Christa, bleibt die Frage: Warum?

Die Frage

Auch wenn sie regelmäßig gestellt wird, ist es sinnvoll, einmal zu überlegen, woher diese Frage kommt und ob es eine gute Frage ist.

Zunächst: Wo kommt diese Frage her? Nach dem Theologen John Swinton[7], der sich lange damit beschäftigt hat, ist es vor allen Dingen eine moderne

Frage, eine Frage der Aufklärung, jener Zeit und Strömung des 18. Jahrhunderts, die bis heute unser Denken bestimmt.

In der Aufklärung rückt das Individuum in den Mittelpunkt des Interesses. Nicht länger werden die Gemeinschaft, der soziale Verband oder Gott als Zentrum der Welt angesehen, vielmehr kommt jetzt das autonome Individuum in den Blick. Das ist eine Entwicklung, die bitter nötig war. Denn das Individuum wurde in der Zeit davor einfach übergangen oder von einer alles bestimmenden Elite dominiert. Endlich durfte jeder selbst entscheiden, was für ihn oder sie gutes Leben bedeutete. Das war eine enorme Verbesserung.

In der Zeit der Aufklärung nahm auch die Bedeutung des Denkens zu. Der Philosoph Descartes hat das in seinem berühmten Satz „Ich denke, also bin ich"[8] auf den Punkt gebracht. Dadurch, dass wir denken können, sind wir Mensch. Denkend bewältigen wir unser Leben. Das ist im Sinne der Aufklärung der angemessene Weg. Das Denken bestimmt unser Menschsein und alle Fragen können denkerisch, rational gelöst werden.

Auch mit Gott wird so verfahren. Gott, so meint man, kann man vor allen Dingen denkend näherkommen. Die Frage nach dem Leiden, nach Krankheiten, nach dem „Warum" meint man vor allen Dingen argumentativ beantworten zu können.

Wie können wir von einem allmächtigen und liebevollen Gott sprechen, wenn es gleichzeitig Leiden und Böses in der Welt gibt? Der berühmte Philosoph David Hume hat es im 18. Jahrhundert brillant formuliert:

Wenn Gott den Willen hat, Leiden zu verhindern, und er kann es nicht: dann ist Gott ohnmächtig. Wenn Gott Macht hat, Leid zu verhindern, aber er will es nicht: dann ist Gott böswillig. Wenn Gott sowohl die Macht als auch den Willen hat, Leid zu verhindern: Warum gibt es dann Leiden in der Welt?[9]

Ja warum? Warum ich? Oder sogar: „Mein Gott, mein Gott, warum hast du mich verlassen?"[10]

Christa, die so früh dement wird und schon eine Tochter verloren hat, stellt diese Frage im Blick auf ihr Leben. Als die Interviewerin sie fragt: „Denken Sie manchmal: Warum ich?", antwortet Christa: „Natürlich, immer wieder. Ich finde es sehr ungerecht. Schon der Tod meiner Tochter hat mir gereicht. Und jetzt noch das. Ich kann es nicht fassen."

Wie gerne hätten wir für Christa, für viele andere und auch für uns selbst eine befriedigende Antwort auf die Frage nach dem Warum.

Unzureichende Antworten

Vielleicht ist die Demenz ein Mittel, das uns hilft, uns als Menschen weiterzuentwickeln. Wir sagen nach einer Krankheit oder einer Phase, in der wir einen Angehörigen gepflegt haben, manchmal: „Es hat mich bereichert. Ich bin weiser geworden." Und manchmal haben wir sogar das Gefühl, Gott näher gekommen zu sein. Dadurch wird die Demenz zu etwas Gutem. Sie ist dann eine Art Segen durch die Hintertür, wofür man sogar dankbar sein muss. Trauer, Schmerz und Mühsal werden aber ignoriert.

Deshalb tut diese Antwort oftmals sehr weh.[11] Natürlich kann eine Krankheit oder die Fürsorge für einen Kranken unseren Charakter prägen. Und natürlich können wir manchmal sagen: „Die Krankheit hat mich reicher gemacht." Aber das ist eher eine Begleiterscheinung, nicht die Begründung.

Wie viel Schmerz diese Antwort bereiten kann, erleben wir am eigenen Leib, wenn uns jemand direkt und ohne nachzudenken ins Gesicht sagt: „Ja, es ist wirklich schlimm. Aber es ist doch eine wichtige Lebenserfahrung, die dich klüger macht." Oder: „Du lernst dadurch, die wichtigen Dinge des Lebens mehr zu schätzen." Man fühlt dann sehr direkt, dass das keine hilfreiche Reaktion ist. Im Gegenteil: Sie schmerzt und jemand richtet damit mehr Unheil an, als Gutes zu bewirken.

Vielleicht ist Demenz die Folge des Sündenfalls? Weil Adam und Eva damals in die Irre gegangen sind, haben wir jetzt das Nachsehen. Die ersten Menschen machten einen Fehler und jetzt muss die gesamte Menschheitsfamilie die Verantwortung dafür übernehmen. Oder sogar ich als einzelner Mensch. So empfindet es Christa, die im Fernsehinterview fragt: „Was habe ich in meinem Leben falsch gemacht, dass ich so viel abbekomme?" Vor Kurzem erzählte mir eine Frau, deren Partner schwer erkrankt ist, dass sie ständig Angst hat, etwas Falsches zu tun. Sie hat Angst, dass ihr Partner dann noch kränker wird.

Wenn es so wäre, würde das bedeuten, dass ein Mensch selbst schuld ist an seiner Krankheit.[12] Die Krankheit ist dann eine verdiente Strafe. Sie wird begleitet von Schuldgefühlen und dem Eindruck, dass man nicht klagen darf, denn man ist ja selbst für sein Los verantwortlich. Die Demenz ist Folge deiner eigenen Fehler und des Fehltritts der ersten Menschen.

Auch diese Antwort ist schmerzhaft. Die Krankheit ist hier schlicht und einfach der Fehler des Menschen selbst. Mit Gott hat sie nichts zu tun. Klagen ist nicht angebracht. Die Stimme der Kranken und Pflegenden wird erstickt.

Glücklicherweise sagt Christa im Interview: „Daran glaube ich nicht."

Im Grunde bewirken beide Antworten mehr Negatives als Positives. Sie ähneln sehr den Versuchen der Freunde Hiobs im gleichnamigen Buch der Bibel. Hiob erlebt unendliches Leid und seine Freunde scheinen sehr gut zu wissen, warum. Aber auch damals war schon deutlich: Die allzu einfachen Antworten helfen nicht weiter.

Und so bleibt die Frage im Raum stehen: Warum?

Die frühe Kirche

So naheliegend die Frage auch ist, warum ist es eigentlich so wichtig, eine Antwort darauf zu finden?, überlegt der genannte Theologe John Swinton.[13]

Ist es nicht verwunderlich, dass Christen die Liebe und die Macht Gottes infrage stellen? Dass die Welt geschaffen ist, bedeutet doch, dass das Leben einen Grund und ein Ziel hat. Uns gibt es nicht einfach so. Wir sind nicht aus Zufall hier, sondern mit einer Bestimmung. Gott setzt sich dafür ein. Er hat seinen Sohn gesandt, damit wir in Liebe leben, in Liebe zu Gott, zueinander und zu uns selbst.

Es passt zu unserer Kultur nach der Aufklärung anzunehmen, dass jedes Problem durch intellektuelles Denken und wissenschaftliche Erkenntnis gelöst werden kann. So kommt es auch zu der Frage nach dem Warum. Eigentlich ist es eine verblüffende Reihenfolge: Zuerst überlegen wir rational, ob Gott vertraut werden kann, und dann fangen wir an, uns auf Gott zu verlassen. Dann hat man einen Gott, den man voll und ganz mit dem Verstand begreifen und fassen kann.

Man kann aber auch fragen, ob „Warum?“ wirklich eine gute Frage ist.

Nach Swinton dachte die frühe Kirche anders.[14] Die frühen Christen suchten nicht nach einer rationalen Erklärung für das Leiden. Ihre Antwort auf die Warum-Frage war nicht eine Infragestellung der Allmacht und der Liebe Gottes. Ihre Antwort war die Gründung von Gemeinschaften. In diesen Gemeinschaften wurden der Glaube und das Leben miteinander geteilt, das Leiden gemeinsam getragen und ihm widerstanden. Man erwartete gemeinsam Jesu Wiederkunft.

Ich finde, wir können viel von diesen frühen Christen lernen. Ihr Umgang mit der Warum-Frage war mehr praktisch als philosophisch. Es ging ihnen um die Beziehung zwischen Gott und Mensch und nicht um einen abstrakten und distanzierten Gott, über den man gepflegt philosophieren kann wie David Hume. Sie glaubten an einen persönlichen Gott, der sich hat ansprechen und anrühren lassen und der sich noch immer berühren lässt. Es geht um Gott, den Vater, der uns seinen Sohn aus Liebe gegeben hat. Und der uns seinen Geist schenkt, um jeden Tag bei uns, ja sogar in uns zu sein. Näher kann er uns nicht kommen. Näher kommt uns niemand.

Psalmen

Das soll nun nicht heißen, dass man die Frage nach dem Warum gar nicht stellen darf. Oder dass eine Klage nicht erlaubt wäre. Im Gegenteil. Wir lesen in Psalm 22 die Worte, die Jesus selbst gesprochen hat in seinen Stunden der Anfechtung: „Mein Gott, mein Gott, warum hast du mich verlassen?“ Immer wieder kann man in den Psalmen ähnliche Wehklagen lesen: Gott, wo bist du? Gott, ich leide, ich habe Angst, warum hörst du mich nicht?

Christa antwortet im Interview auf die Frage, mit welchen Bibeltexten sie nun nichts mehr anfangen kann: mit drei Viertel der Bibel. Aber sie sagt auch: „Die Psalmen finde ich jetzt sehr hilfreich mit all ihren Klagen zu Gott. Sie sprechen mir aus dem Herzen.“ Gott ist so nahe, dass er sich anklagen lässt. Das ist das

Besondere am christlichen Glauben. Gott steht in einer Beziehung mit uns, in der er sich befragen lässt, so wie es in den Psalmen häufig geschieht.

Gleichzeitig lesen wir in den Psalmen immer wieder vom Gottvertrauen, ebenfalls in Psalm 22,25 (NGÜ): „Denn der Herr hat sich von der Not des Hilflosen nicht abgewandt und seine Leiden nicht verachtet. Ja, der Herr hat sein Angesicht nicht vor ihm verhüllt, sondern auf ihn gehört, als er um Hilfe rief."

Das sehen wir in den Psalmen immer wieder: Da werden Fragen gestellt und sogar vor Gott geklagt und gleichzeitig ist da Vertrauen. So wie wir es auch aus unseren menschlichen Beziehungen kennen. Denn auf der Basis von Vertrauen können wir einander infrage stellen und anklagen. Jesus tut das auch: Er verlässt sich auf seinen Vater und ruft doch am Kreuz: „Mein Gott, mein Gott, warum hast du mich verlassen?"

Fragen und Vertrauen. Beides ist möglich, weil Gott uns nahe gekommen ist. Weil er ein persönlicher Gott ist, der sich berühren lässt. An den Psalmen können wir erkennen, wie durch das Klagen und das Herausschreien des Leides das Herz weit wird und ein Mensch schließlich loslassen und Gott loben kann.

Der Versuch, die Warum-Frage rein rational zu beantworten, scheint also vor allem eine Folge des postaufklärerischen Denkens zu sein. Darum kann man fragen, ob es wirklich eine sinnvolle Frage ist. Denn Gott ist kein abstrakter Gott, sondern einer, der persönlich da und ansprechbar ist.

Gottes Antwort

Es ist besser zu fragen: Was ist Gottes Antwort auf das Leiden?

Die Menschwerdung und die Auferstehung Jesu sind lebendige Beweise für Gottes Liebe und seine Macht. Hier lässt Gott erkennen, wie er uns liebt und mit uns sein will. Diese Liebe motiviert uns, Glaubensgemeinschaften zu bilden, wie es in der frühen Kirche geschah. In solchen Gemeinschaften können wir klagen, Fragen stellen, aber auch Vertrauen wagen und einander in Krankheit und Leid tragen.

In diesen Gemeinschaften teilen wir Brot und Wein. Gerade dabei erfahre ich immer öfter die Liebe und die Macht Gottes, der uns so nahe kommt.

Als Kind konnte ich wenig mit dem Abendmahl anfangen. Wenn mein Bruder und ich zu Hause, bevor wir in die Kirche gingen, vier anstelle von drei Süßigkeiten auf der Anrichte liegen sahen, sagten wir uns: „Heute gibt es also Abendmahl." Wir bekamen eine extra Süßigkeit, um den (längeren) Gottesdienst zu überstehen. Als Kinder durften wir nicht teilnehmen und das Abendmahl bedeutete nur Langeweile.

Heute ist das anders. Das Abendmahl zu feiern ist für mich zu einer intensiven Erfahrung geworden. Jetzt bin ich selbst Pfarrer und darf das Brot mit den Bewohnern in Pflegeheimen teilen. Nach den Worten Jesu bei seinem letzten Mahl und nach dem Brechen des Brotes darf ich zu jedem Anwesenden gehen und das Brot reichen. Das berührt mich tief. Ich muss mich dabei im wahrsten Sinne des Wortes hinunterbeugen zu den Menschen, die in einem Rollstuhl sitzen oder nicht mehr aufstehen können. Das Hinabbeugen geschieht, um einander auf Augenhöhe zu begegnen, in liebevoller Verbundenheit. Das Abendmahl ist das Zeichen der Verbundenheit mit Jesus, der sich uns schenkt. Und das Zeichen der Verbundenheit miteinander als Gemeinschaft.

Da kann es geschehen, dass wir Gott begegnen und ihn sehen inmitten von Krankheit und Trauer. Manchmal wird uns das erst im Nachhinein bewusst, so wie den Emmausjüngern[15], die erst spät erkennen: Er ist da. Als Jesus nach dem Teilen des Brotes verschwunden war, sagen die zwei Emmausjünger, die traurig mit Jesus unterwegs gewesen waren und ihn nicht erkannt hatten: „Brannte nicht unser Herz, da er mit uns redete auf dem Wege und uns die Schrift öffnete?“[16] Erst da erkannten sie ihn!

Gott ist groß, manchmal unbegreiflich, mächtig und Ehrfurcht gebietend – und gleichzeitig unbegreiflich nahe. Immanuel, Gott mit uns, den wir fragen und vor dem wir klagen dürfen. Er sieht und hört und kennt uns.

Ich habe keine Antwort auf die Frage nach dem Warum.

Aber ich will diesem persönlichen Gott vertrauen und seine Liebe mit anderen teilen, in einer Gemeinschaft, die Trauer und Leid aufnimmt und trägt als Leib Christi. Und die um seine Wiederkunft bittet: Komm, Jesus, schnell: Maranatha!

2 Loslassen

Eine bekannte Geschichte erzählt, wie es den Menschen in Indonesien gelang, kleine Affen zu fangen. Ich habe mich erkundigt und sie scheint zu stimmen.

Man steckt einfach ein Stückchen Apfel in eine große Flasche. Wenn ein Affe kommt und den schönen Apfel sieht, versucht er, ihn sich zu schnappen. Er zwängt seine Hand durch die Flaschenöffnung und greift fest zu.

Dann will der Affe weglaufen, aber seine Hand steckt fest. Er hält das begehrte Apfelstückchen fest in seiner Hand und ist dadurch gefangen.[17]

Loslassen fällt schwer. Dem Affen. Aber auch uns Menschen. Wir haben das Bedürfnis nach Kontrolle. Dinge, die wir lieben, möchten wir festhalten und im wahrsten Sinne des Wortes in unserer Hand behalten.

Leben heißt loslassen

Man kann sagen: Loslassen ist eine Lebensaufgabe.

Für Eltern beginnt es früh, denn im Grunde müssen wir unsere Kinder von Anfang an loslassen. Und schon bald hat man nicht mehr die vollständige Kontrolle. Mein kleiner Sohn geht immer mehr seinen eigenen Weg. Bald kommt er in die Schule. Ein weiterer Schritt. Ich habe ihn nicht mehr bei mir und er muss alleine zurechtkommen, draußen in der großen Welt mit ihrer ganzen Schönheit und all ihren Schrecken.

Loslassen kann schmerzhaft sein. Wenn ein anderes Kind mein Kind ärgert, tut mir das weh. Aber ich kann meinen Sohn nicht den ganzen Tag beschützen. Er wird seinen eigenen Weg gehen müssen, schon in diesem frühen Alter. Schon jetzt beginnt das Loslassen.

Loslassen ist nicht einfach für uns. Gerade in der heutigen Zeit. Wir haben uns daran gewöhnt, das Leben zu kontrollieren. Am liebsten halten wir das Leben so fest wie der Affe den Apfel in unserer Geschichte. Das gibt Sicherheit. Wir versichern unseren Besitz, unsere Gesundheit, unsere Reisen und selbst unser Lebensende. Wir möchten nichts riskieren, und falls es doch zu einem Unfall kommt, behalten wir gerne die Kontrolle, indem wir klären, wer Schuld hat. Dann wissen wir wenigstens, wie der Unfall geschehen konnte, und uns wird das in Zukunft nicht mehr passieren. Am liebsten schreiben wir dann auch noch dem Hausarzt auf, wie wir uns unser Lebensende vorstellen. Dann haben wir auch das geregelt.

Loslassen fällt schwer. Und gleichzeitig heißt Leben loslassen. Es fängt schon früh an und begegnet uns in den unterschiedlichsten Formen. Manchmal hält uns eine frühere Erfahrung fest im Griff. Wenn uns ein anderer Mensch etwas angetan hat, kann die Wut uns auffressen. Wir halten das Vergangene fest und graben uns in unserem Beleidigtsein ein. Nicht von ungefähr hat das Wort „vergeben" in der Bibel auch die Bedeutung „loslassen" und „freigeben". Loslassen heißt auch vergeben, das Aufgeben von festsitzender Wut über uns angetane Dinge zum Beispiel. Das ist nicht leicht.

Kontinuierlich loslassen

Demenz bedeutet, ständig loszulassen. Das gilt für den Kranken selbst wie auch für seine Angehörigen. Der Mensch mit Demenz erfährt Mal für Mal, dass er Fähigkeiten und Fertigkeiten verliert. Das Gedächtnis lässt nach, die Sprech- und die Sprachkompetenz. Man erkennt bestimmte Menschen nicht mehr und kann nicht mehr planen und organisieren. Das ist bedrückend. Und damit muss ein Betroffener, eine Betroffene nun jeden Tag zurechtkommen. Jeder neue Tag konfrontiert sie und ihn mit der Aufgabe, etwas aufzugeben, was gerade noch ging. Und wenn ein Mensch dann schließlich gelernt hat, mit diesen Einschränkungen zu leben, kommen wieder neue Veränderungen und Verluste auf ihn zu und das Loslassen geht weiter.

Dasselbe gilt für die Angehörigen. Die Angehörigen

von Menschen mit Demenz möchten sich oft so lange wie irgend möglich selbst um ihre Lieben kümmern. „Ich mache weiter, bis ich zusammenbreche“, sagte mir neulich ein Betroffener. Er pflegt seine Frau und es gelingt ihnen, zu Hause wohnen zu bleiben. „Sicher kommt der Tag, an dem es nicht mehr geht“, vermutet er. „Aber bis dahin mache ich es.“

Manchmal geht es dann aber wirklich nicht mehr. Das kann sich für Angehörige wie Versagen anfühlen. Eine Tochter sagte mir: „Als ich meinen Vater ins Pflegeheim geben musste, fühlte ich mich wie die schlechteste Tochter der Welt.“

Loslassen ist schwer. Man gibt die Aufgabe des Pflegens auf und tauscht sie gegen Schuldgefühle ein, weil man es nicht mehr alleine schafft.

Wenn man sich miteinander auf dem Weg der Demenz befindet, wird man auch die eigenen Zukunftsbilder und -erwartungen anpassen müssen. Der Lebensweg verläuft anders als geplant und viele Erwartungen müssen nun aufgegeben werden. Das kann sich wie ein Verlust anfühlen, ein Verlust all dessen, was man erwartet und erhofft hatte.

Und es können sich die Rollen ändern. „Mein Vater ist jetzt mein Kind“, sagt ein betroffener Sohn. „Ich kümmere mich um ihn wie um einen Sohn. Er ist vollständig auf mich angewiesen. Ich kann nicht mehr mit der Bitte um einen Rat zu ihm kommen. Ein gutes Gespräch ist unmöglich geworden. Das muss ich alles aufgeben. Alles ist anders als vorher.“

Ähnliches erleben Partner. Die Beziehung fühlt sich

nicht mehr gleichwertig an und das hat Folgen u. a. im Bereich der Sexualität. Wir wissen, dass es für Partner von dementen Menschen unmöglich wird, miteinander intim zu werden, weil es sich nicht mehr gleichwertig anfühlt. „Du gehst nicht ins Bett mit einem Menschen, der zu deinem Kind geworden ist", erzählt mir eine Frau.

Die Rollen verändern sich, weil man auf die Pflege durch andere angewiesen ist. Manchen Menschen ist das unerträglich. Sie haben die Vorstellung, man könnte als Mensch unabhängig sein, und lehnen ein Leben in Abhängigkeit ab. Da wird es Zeit, sich einzugestehen, dass man das Bild der scheinbaren Unabhängigkeit aufgeben muss. Als Mensch ist man immer von anderen abhängig. Ich brauche den Bäcker für mein Brot, den Bauern für meine Milch, den Lehrer für den Unterricht, die Polizei für meine Sicherheit. Und so geht es weiter. Leben bedeutet, abhängig zu sein.

Für viele ist das Nicht-mehr-Erkennen und Nicht-mehr-erkannt-Werden die schwerste Form des Loslassens.

„Solange ich meine Kinder noch erkenne, macht mein Leben noch Sinn", höre ich auf der einen Seite. Andererseits erinnere ich mich noch gut, wie ein Angehöriger zu mir kam und sagte: „Ich war gerade bei meinem Vater und er wusste nicht mehr, wer ich bin." Dabei liefen Tränen über seine Wangen. Er war mitgenommen und zitterte am ganzen Körper. „Das war jetzt zum ersten Mal so. Offensichtlich beginnt jetzt eine neue Phase. Davor fürchte ich mich schon die ganze Zeit."

Es ist eine schwere Form des Loslassens, wenn man einander nicht mehr erkennt. Es fühlt sich an wie ein Trauerprozess. Man muss einander loslassen, während man noch lebt.

Das Sterben ist schließlich der letzte Schritt des Loslassens. Der Weg des Sterbens ist nicht vorhersehbar, jeder geht ihn auf seine eigene Weise. Das gilt für den Dementen selbst wie auch für die Angehörigen. Ich habe Menschen ruhig einschlafen sehen und Menschen, die bis zum letzten Atemzug kämpften und sich widersetzten. Ich habe Angehörige gesehen, die sich kaum bei ihrem Sterbenden blicken ließen, und andere, die kaum vom Sterbebett wegzukriegen waren. Und wenn sie den Raum dann für fünf Minuten zum Rauchen verließen, starb ihr Angehöriger. Sie mussten gehen, um ihm das Sterben zu ermöglichen.

Die Bibel und das Loslassen

Auch die Bibel kennt das Thema Loslassen. Man kann sogar sagen: Gott ist das Vorbild des Loslassens. Im Alten Testament finden wir die Geschichte des Erzvaters Abraham, der von Gott den Auftrag bekommt, seine Heimat zu verlassen. Und er tut es. Er kappt seine Wurzeln und macht sich auf den Weg.

Auch das Neue Testament kennt Geschichten vom Loslassen, z. B. das Gleichnis vom verlorenen Sohn. Jesus erzählt: Ein Vater hatte zwei Söhne. Der jüngste Sohn fordert schon zu Lebzeiten des Vaters sein Erbe.

Das ist frech. Aber sein Vater gibt ihm sein Erbteil. Und vor allen Dingen lässt er ihn gehen. Er schenkt seinem Sohn die Freiheit, die Welt zu entdecken und sich selbst kennenzulernen. Er lässt ihn los.

Nach der Auferstehung trifft Maria Jesus im Garten. Großartig! Jesus ist auferstanden. Am liebsten möchte sie sich an ihn klammern. Doch was sagt Jesus? „Halte mich nicht fest!“[18] Maria darf sich nicht an Jesus klammern, sondern bekommt den Auftrag, ihn loszulassen.

Diese Geschichten zeigen uns Beispiele für das Loslassen. Auch in der Bibel ist das eine Lebensaufgabe. Gott selbst lässt los, er lässt uns frei. Er schenkt bei der Schöpfung Welt und Mensch Freiheit. Gott schuf uns Menschen ja nicht als Roboter, die alles abnicken, sondern stattete uns mit Freiheit aus und entlässt uns hinaus ins Leben.

Eine außergewöhnliche Geschichte, gerade im Blick auf das Thema Demenz, ist, wie ich finde, Markus 6,1-6 (NGÜ).

> *Von dort zog Jesus weiter und ging in seine Heimatstadt; seine Jünger begleiteten ihn. Am Sabbat lehrte er in der Synagoge vor vielen Zuhörern. Erstaunt fragten sie: „Woher hat der Mann das alles? Was ist das für eine Weisheit, die ihm da gegeben ist, und wie kommt es, dass solche Wunder durch ihn geschehen? Ist er denn nicht der Zimmermann, der Sohn der Maria und der Bruder von Jakobus, Joses, Judas und Simon? Leben nicht auch seine Schwestern hier*

unter uns?" So kam es, dass Jesus bei ihnen auf Ablehnung stieß. Da sagte Jesus zu ihnen: „Ein Prophet gilt nirgends so wenig wie in seiner Heimatstadt, bei seinen Verwandten und in seiner eigenen Familie." Er konnte dort auch keine Wunder tun; nur einigen Kranken legte er die Hände auf und heilte sie. Und er wunderte sich über den Unglauben der Leute.

Jesus lehrt in den Synagogen. Die Zuhörer sind erstaunt. „Das ist doch dieser Zimmermann", sagen sie. „Wie kann der so weise reden?" Sie glauben ihm nicht und nehmen sogar Anstoß an ihm. Sie regen sich fürchterlich auf. Sie können Jesus nicht erkennen, weil sie an ihren alten Bildern festhalten.

Tun wir das nicht auch regelmäßig? Wir legen Gott auf bestimmte Bilder und altvertraute Lehrsätze fest. Und lassen uns nicht davon überraschen, wer Gott tatsächlich für uns sein kann.

Schon im 16. Jahrhundert sprach Johannes vom Kreuz davon, dass wir loslassen und unsere eingerosteten Vorstellungen von Gott aufgeben sollten.[19]

Ich erinnere mich an eine alte Dame mit Demenz. Als ich sie besuchte, sprach ich mit ihr über den Glauben und ihren mühevollen Weg in der Krankheit. Sie war eine tiefgläubige Frau. Sie vertraute vollkommen auf Gott. Aber sie hatte auch Angst vor ihm. So hatte sie es in ihrer Jugend gelernt und in dem Maß, in dem die Demenz zunahm, wurde das wieder sehr lebendig.

Als die Zeit des Sterbens kam, besuchte ich sie häufig. So gut es ging, sprachen wir darüber, wie der Tod sein würde. Sie fürchtete sich und meinte: „Ich bin sicher nicht gut genug." Ich versuchte, sie davon zu überzeugen, dass Gott sie sieht, wie sie ist, ohne leichtfertig über ihr Leben hinwegzugehen, in dem sie ihrer Meinung nach einige falsche Entscheidungen getroffen hatte. Bis zu ihrem Ende blieben wir miteinander im Gespräch und ließen uns von Bibeltexten und Liedern ermutigen. Aber es gelang mir nicht, sie vom Bild des strafenden Gottes zu lösen.

So halten wir manchmal zu stark an den alten Bildern von Gott fest und trauen uns nicht, diese aufzugeben. Und das tun wir nicht nur mit unseren Bildern von Gott, sondern auch mit den Bildern, die wir voneinander haben. Nicht nur Gott, auch einander legen wir fest auf die uns bekannten Rollen und Muster. Dadurch lassen wir einen Menschen nicht sein, wie er ist, sondern wie wir ihn zu kennen meinen.

Das geschieht, wenn wir bei einem dementen Menschen der Persönlichkeit nachtrauern, die er oder sie früher war. Gerade bei Demenz ist es nötig, die alten Rollen und Muster aufzugeben und miteinander unterwegs zu bleiben. Wir müssen nicht krampfhaft daran festhalten, wie jemand früher war, sondern können so reagieren wie die Tochter, die mir sagte: „Ich bewege mich mit meinem Vater mit, wenn er sich verändert."

Ich finde es tröstlich, dass Gott nach Markus 6 selbst erfährt, wie Menschen ihn festnageln auf ihr altes Bild von ihm und sich nicht dahin mitbewegen, wie er sich jetzt zeigt.

Ich erinnere mich an einen früheren Professor, der seine Kinder nicht mehr erkannte. Das war begreiflicherweise schmerzhaft für sie. Es gelang ihnen nicht, sich auf ihren Vater einzustellen, wie er jetzt war. Er konnte jetzt so schlichte Vergnügungen genießen wie ein Fernsehprogramm mit André Rieu. „Das ist nicht mehr unser Vater", sagten sie, während ihr Vater vollkommen glücklich war. Auf meine Frage, wie es ihm gehe, erwiderte er: „Besser geht es nicht." Aber seine Kinder nagelten ihn auf ihr altes Bild von ihm fest.

Ich finde es auffällig, dass Gott in Jesus selbst erfährt, wie alte Bilder und Muster lähmen und verhindern, dass man ihn erkennt. Daraus entnehme ich die nachdrückliche Aufgabe, sich von den Bildern zu lösen, die wir voneinander haben. Wir sollten flexibel bleiben und im anderen weiterhin ein Wunder sehen.

Festhalten

Also loslassen? „Ständig höre ich, du musst loslassen", erzählt mir ein Mann. Intensiv hat er seine demenzkranke Frau betreut. „Loslassen, das sagt sich so leicht. Was für ein billiger Rat."

Allzu schnell werden Angehörige, die einen lieben Menschen mit Demenz pflegen, aufgefordert loszulassen. Sie sollen die Sorge doch abgeben. Sie sollen vertrauen, dass es gut geht. Sie sollen doch endlich auch mal an sich selbst denken.

Auch den Demenzkranken selbst wird leichtfertig

gesagt: Lass doch los. Abhängig zu sein gehört zum Leben, Krankheit, Leiden und Trauer gehören nun einmal dazu. Das musst du akzeptieren. Die Ironie dabei ist, dass das oft von Menschen verkündet wird, die selbst noch fit und vital sind.

Wir haben gesehen: Loslassen ist wichtig und wertvoll. Aber es ist nur eine Seite der Medaille. Denn es geht darum, loszulassen *und* festzuhalten. Es geht darum, einander in Liebe festzuhalten und sich umeinander zu kümmern. Einander nicht fallen zu lassen, sondern gerade den festzuhalten, der seinen eigenen Namen vergessen hat. Einander treu zu bleiben, wertvolle Erinnerungen zu pflegen und nicht einfach die Vergangenheit abzuhaken, das macht uns reich. Manchmal müssen wir uns auch auflehnen gegen das, was über uns kommt, und für das Gute kämpfen.

Auch davon, vom Festhalten und Widerstand-Leisten, erzählt die Bibel. Jesus widersetzt sich ausdrücklich der Krankheit und dem Unrecht. Er zieht durch die Welt, um Ungerechtigkeit zu bekämpfen und Kranke zu heilen. Er hätte ja auch sagen können: „Fügt euch in euer Schicksal und lasst einfach los." Aber Jesus hält daran fest, wie das Leben sein sollte, und lehnt sich sogar gegen den Tod auf. Er akzeptiert nicht, dass das Töchterchen von Jairus und sein Freund Lazarus gestorben sind. Er hält beide mit starker Hand fest und zieht sie aus dem Tod ins Leben.

Paulus erlebt das auch. Er schreibt der Gemeinde in Korinth, dass er „wie von einem Stachel durchbohrt" sei.[20] Worum es dabei genau geht, wissen wir nicht; vielleicht ist es eine Krankheit oder eine andere Last. Was es auch immer ist, er will es loswerden. Er wehrt sich dagegen. Er arrangiert sich nicht damit und gibt nicht auf. Paulus schreibt, dass er drei Mal Gott angerufen hat mit der Bitte, den Stachel wegzunehmen. Er ruft zu Gott und akzeptiert nicht einfach seine Situation. Und das muss man auch nicht. Loslassen und aufgeben ist nicht immer ein gutes Rezept. Paulus widersetzt sich. Er schreit zu Gott und bittet ihn, den Stachel zu entfernen.

Doch als das nicht geschieht, kommt für Paulus schließlich der Moment, in dem er sich bereitfindet anzunehmen, was ist, loszulassen und damit zu leben. Und in seiner Schwäche entdeckt er Christus.

Vertrauen

Einfach loslassen und annehmen ist also nicht das Rezept. Es ist gut, aneinander und am Leben festzuhalten. Dabei ist es sinnvoll zu unterscheiden: Wo muss ich mich wehren? Was sollte ich versuchen zu verändern? Und wo muss ich schließlich annehmen und loslassen?

Diese Unterscheidung kann man treffen, wenn man sich darauf verlässt, dass man in jedem Fall getragen ist. Gott hält an uns fest, das ist der rote Faden in der Bibel. Durch alle Geschichten vom Loslassen und Festhalten hindurch hören wir von Gottes Hand, die uns trägt. Er gibt uns die Freiheit zu leben, lässt uns frei. Und gleichzeitig hält er uns in einer liebevollen Umarmung fest. Das gibt uns das nötige Vertrauen, unseren Weg zu gehen und zu entscheiden, was wir loslassen oder woran wir unbedingt festhalten wollen. Gott trägt uns. Er geht mit uns und hilft uns, die richtigen Entscheidungen zu treffen. Er trägt uns, wenn wir beten:

> *Gott,*
> *gib mir den Mut, Dinge zu ändern, die ich ändern kann. Gib mir die Gelassenheit, Dinge hinzunehmen, die ich nicht verändern kann. Und die Weisheit, das eine vom anderen zu unterscheiden.*[21]

3 Geben und Nehmen

„Demenz ist schrecklich", sagt mir eine Frau, als sie hört, dass ich im Pflegeheim arbeite. „Man verschwindet dabei nach und nach", fügt sie hinzu. „Und man kann dann anderen überhaupt nichts mehr bedeuten."

Immer wieder zeigen Untersuchungen, dass es uns Menschen ein großes Anliegen ist, für andere von Bedeutung zu sein. Gerade wenn man auf andere angewiesen ist, wird das besonders wichtig. Solange man anderen noch etwas zurückgeben kann, Zeit oder Hilfe, Aufmerksamkeit und Rat, bleibt das Leben wertvoll.

Mit Demenz wird das schwierig. Der demente Mensch ist ja derjenige, der viel Zeit, Energie und Aufmerksamkeit von anderen in Anspruch nimmt und darauf angewiesen ist.

Geben

Wenn ich pflegende Angehörige danach frage, was sie geben, höre ich vor allem: Zeit und Energie. „Ich versuche, dreimal in der Woche hier zu sein", erzählt ein

Sohn. „Und meine Frau kümmert sich außerdem um die Wäsche meiner Mutter." Das kostet viel Zeit neben der eigenen Familie und oft noch einer vollen Berufstätigkeit. Man gibt Energie, die an anderer Stelle fehlt. „Mein eigenes soziales Leben liegt zurzeit völlig brach", erzählt der Sohn.

Das Opfer an Zeit und Energie geht auf Kosten des eigenen Lebens. Es scheint eine Einbahnstraße zu sein. Man gibt und gibt und bekommt kaum etwas zurück. Manchmal ist der Demente noch nicht einmal mehr in der Lage, sich zu bedanken oder überhaupt zu realisieren, was alles für ihn getan wird. Die Gegenseitigkeit ist verloren gegangen.

Für Partnerschaften gilt das ganz besonders.

Früher hat man als gleichwertige Partner gute und schlechte Zeiten gemeinsam durchlebt, man hat einander aufgefangen und Liebe und Leid miteinander geteilt. Das geht nun vollkommen verloren. Manchmal höre ich: „Ich sorge für meinen Mann wie für ein Kind."

Wie schon erwähnt, betrifft das auch den Bereich der Intimität. Besonders in einer intimen und sexuellen Beziehung ist Gleichwertigkeit und Gegenseitigkeit so wichtig, aber: „Ich schlafe doch nicht mit meinem Sohn", sagt die schon oben zitierte Frau. Bei solch veränderten Bedingungen noch miteinander intim zu werden, geht für sie nicht.

Für die Kinder von demenzkranken Menschen kann es ähnlich aussehen. „Wenn mir einmal irgendetwas passiert war oder ich einen Rat brauchte, zum Beispiel beim Kauf unseres Hauses oder bei der Entscheidung für einen neuen Job, ging ich damit immer zu meiner Mutter", erzählt eine Tochter. Aber: „Meine Mutter weiß jetzt kaum noch, wer ich bin." Sie erlebt es als großen Verlust, dass sie nur noch für sie sorgt und von ihrer Mutter nichts mehr erwarten kann.

Auch für den gemeinsamen Glauben kann das gelten. Selbst wenn man noch gemeinsam zur Kirche gehen kann, kann man sich danach kaum noch über den Gottesdienst unterhalten. „Er hat die Predigt schon vergessen, bis wir zu Hause sind", höre ich oft. „Man kann den Glauben nicht mehr miteinander teilen."

In Gesprächsgruppen mit Angehörigen bitte ich diese oft, einmal für sich selbst aufzuschreiben: Wie viel geben Sie? Und was kriegen Sie zurück?

Wenn wir das bisher Gesagte bedenken, scheint die Bilanz eindeutig: Demenz bedeutet nur „Nehmen" auf der Seite der Betroffenen und „Geben" bei denen, die die Pflege übernehmen.

Achtsamkeit

Es ist natürlich zu fragen, ob das wirklich stimmt. Vielleicht kann der demente Mensch noch mehr geben, als es scheint. Und unter Umständen können die Menschen im Umfeld mehr empfangen, als man im ersten Moment denkt.

„Ich fühle mich immer ermutigt, wenn ich hier war", sagt mir eine Ehrenamtliche regelmäßig. Sie ist eine treue Besucherin. „Natürlich ist es nicht immer einfach. Ich bete, bevor ich hierherkomme: Gott, bitte hilf mir." Doch jedes Mal bekommt sie auch etwas zurück. „Wenn dann jemand mit mir zusammen singt oder ruhig wird, wenn ich für ihn bete, bestärkt mich das immer wieder." Sie selbst empfängt die nötige Kraft im Glauben und wenn sie erlebt, dass ein Demenzkranker sich um sie sorgt und ihr sagt: „Ich werde für Sie beten." „Das ist doch großartig." So etwas scheinbar Schlichtes, wie füreinander zu beten, bedeutet enorm viel für sie.

Eine andere Ehrenamtliche sagte mir neulich: „Als ich im letzten Jahr zum ersten Mal hierher ins Pflegeheim kam, dachte ich, diese Menschen sind alle in sich selbst versunken." Jetzt kommt sie jede Woche und erlebt, dass immer noch von Geben und Nehmen die Rede sein kann. „Auch wenn ich für diese ehrenamtliche Tätigkeit kein Geld bekomme – das Vertrauen, das mir entgegengebracht wird, die Offenheit der Bewohner, das ist unbezahlbar."

Kürzlich erlebe ich selbst nach einem kleinen Gottesdienst, bei dem ich am Ende den Segen spenden darf, wie ein Mann auf mich zukommt, mir die Hand auf die Schulter legt und sagt: „Ich möchte Ihnen auch den Segen mitgeben." Ich bin berührt. Er fügt dann noch hinzu: „Es ist gut, was Sie tun. Ich werde in meinen Gebeten an Sie denken. Vielleicht kann ich nicht mehr viel tun, aber für Sie beten, das geht."

Das sind wertvolle Momente, in denen ich nicht nur Seelsorge gebe, sondern auch empfange. Und das beschränkt sich nicht auf diese besonderen Momente.

Menschen mit Demenz helfen mir, achtsam zu leben. Denn wenn man mit einem Dementen Kontakt herstellen möchte, muss man hier und jetzt präsent sein. Menschen mit Demenz zwingen uns, langsam zu werden und konzentriert bei ihnen zu sein, uns nicht ablenken zu lassen.

Wenn mein Kopf mit Plänen, Terminen oder Deadlines voll ist, gelingt es nicht, mit einem Dementen in Kontakt zu treten. Ich bin dann nicht anwesend, sondern mit meinem Kopf schon bei Zukünftigem. Das Schöne und Entlarvende ist: Jemand mit Demenz spürt das sofort und lässt es einen mit oder ohne Worte spüren. Der Augenkontakt gelingt nicht, der andere wird unaufmerksam oder läuft einfach weg. Menschen mit Demenz fordern echte Zugewandtheit.

Ähnlich berichtet es mir eine Tochter: „Die Pflege meiner Mutter kostet mich nicht nur, ich kriege auch viel zurück. Ich lerne, im Hier und Jetzt zu leben." So erzählt sie in unserer Gesprächsgruppe. „Das ist mir eine wichtige Lehre für mein Leben. Der Kontakt mit Demenzkranken ist eigentlich die beste Übung in Achtsamkeit. Ich erlebe Ruhephasen, in denen ich wirklich ganz bei diesem Menschen sein muss. Wie lehrreich!" Diese Erfahrung prägt nun auch ihren Alltag, selbst wenn sie nur im Garten sitzt. „Ich fange an, wieder anders – viel aufmerksamer – nach meinen Blumen zu sehen."

Das Sitzen bei einem demenzkranken Menschen kann sich sogar wie eine Meditation anfühlen. Wer meditiert, sitzt still. Es ist ganz zweckfrei. Man sitzt still und hört höchstens auf eine sich ständig wiederholende kleine Melodie. Auch ein Mensch mit Demenz sagt immer wieder dasselbe. Oder aber er oder sie sagt überhaupt nichts.

Wenn ich dann wirklich da bin, ganz bei diesem Menschen, still sitze und zuhöre, komme ich genauso zur Ruhe wie bei einer Meditation. Es ist eine andächtige Begegnung ohne Worte. Dafür gibt es in der christlichen Tradition seit Jahrhunderten Übungen wie Stille-Meditationen, Responsorien oder einfache Gebete. In Klöstern werden diese Übungen immer noch ausgeübt und manche christliche Gemeinschaften entdecken sie heute wieder neu. Es ist doch wunderbar, dass man diese Übungen im Grunde gar nicht braucht. Alles kann man auch mit Dementen lernen und im ewigen Hier und Jetzt einander und Gott begegnen.

Der Glaube wird reicher

Menschen mit Demenz haben meinen Glauben verändert. Mein Glaube ist reicher geworden. Demente Menschen lehren mich, sie als gleichwertig zu betrachten. Eine jede, ein jeder ist voller Würde und liebenswert, auch wenn er oder sie mich nicht mehr erkennt. Es ist nötig, den Kontakt nicht nur über den Kopf zu knüpfen. Menschen mit Demenz lehren mich, mit dem Herzen Kontakt aufzunehmen. Dass ich das erleben darf, macht mich dankbar.

In unserer Gesellschaft lernt man das ja nicht so ohne Weiteres. Unsere Gesellschaft kommt nicht zurecht mit

Menschen, die nicht mehr gut denken können, die sich nicht ständig optimieren, die keinen Status haben und langsam sind. Ich bemerke, wie sehr diese gesellschaftlichen Maßstäbe auch mich beherrschen. Auch ich schaue auf zu Menschen mit Status und Einfluss. Und ich versuche selbst auch, diesem Bild zu entsprechen. Menschen mit Demenz fordern mich auf: Sieh uns als gleichwertig an. Einer ist nicht mehr wert als der andere. Du bist nicht dein Status, dein Besitz, deine Arbeit, dein Einfluss.

Die Tochter eines Chirurgen bringt es so zum Ausdruck: „Mein Vater war immer der Herr Doktor. Er arbeitete viel und das bestimmte seine Identität." Als er dement wurde und der Tod näher rückte, fiel das immer mehr weg. „Dann spielt die Position auf einmal keine Rolle mehr. Er war nicht mehr der Arzt, der bekannte Chirurg. Er war einfach nur noch mein Vater. Er war einfach er selbst." Das beschäftigt sie auch jetzt noch. „Es hat mich zum Kern des Lebens gebracht, ich möchte das nie mehr vergessen." Wenn sie selbst nun in Stress gerät und Termine sie aufzufressen drohen, fragt sie sich: Worum geht es im Leben eigentlich?

Du bist nicht die Rolle, die du ausfüllst, sondern du bist ein geliebtes Kind Gottes. Das lerne ich in der Begegnung mit Demenzkranken. Wir tragen immer wieder Masken und umgeben uns mit Scheinsicherheiten. Menschen mit Demenz halten mir einen Spiegel vor: Bleib beim Kern. Sie zeigen mir ihr Herz. Sie zeigen sich selbst. Sie reißen mich heraus aus der schnellen Welt, in der es nur um Wettbewerb, Macht, Einfluss und Status geht. Sie holen mich in eine Welt, in der das Herz im Mittelpunkt steht und es um das Miteinander geht. Ich möchte das gerne festhalten und mich nicht immer wieder in eine Scheinwelt verirren. Ich möchte gerne immer wieder von Demenzkranken lernen: Jesus liebt mich, so wie ich bin.

In unserer Gesellschaft geht es um große Leistungen und um tolle Events. Bei Menschen mit Demenz geht es aber gerade um die kleinen Dinge. Wie oft höre ich: „Man lernt, die kleinen Dinge zu genießen." Eine gemeinsame Tasse Kaffee, die Sonne auf der Haut, eine Blume, an der wir riechen, die Schöpfung.

Ich lerne, dass es nicht um Äußerlichkeiten geht, um Großartiges und Faszinierendes. Bei Menschen mit Demenz ist Eile fehl am Platz. Man braucht Zeit, um authentisch miteinander zu kommunizieren und Kleinigkeiten miteinander genießen zu können. Es geht um Begegnung in unserer Verletzlichkeit, auch in einem ganz sinnfreien Gespräch. Es geht nur darum, beieinander und miteinander verbunden zu sein.

Meine Erfahrung ist übrigens: Je sinnfreier ein Gespräch ist, desto intensiver kann das Zusammensein sein, von Herz zu Herz, auch wenn man sich nicht mehr mit Worten verständigen kann. Wir sehen einander mit Christi Augen. Er sieht uns, wie wir sind. Nicht großartig und faszinierend, sondern einfach so, wie wir sind.

Mein Körper

„Du wirst ja schon grau“, sagt eine Frau, die an Demenz erkrankt ist, zu mir. Ich werde rot. So kann es gehen. Menschen mit Demenz können dich ganz ungeniert mit dir selbst konfrontieren. Sie ziehen dir deine Maske ab und sehen, wer du bist. Das ist herrlich ernüchternd, aber eben auch konfrontierend. Man hält dir einen Spiegel vor und in diesem Fall stimmt es wirklich: Ich werde tatsächlich schon grau.

Wenn wir ehrlich sind, fällt uns im Alltag allerhand aneinander auf. Wir finden die eine zu dick, der andere hat zu breite Schultern, wir sehen die Fettröllchen bei einem Bekannten wachsen und wie ein anderer kahl wird. Jemand mit Demenz kann einen deutlich und schamlos darauf aufmerksam machen. Das muss uns nicht peinlich, es kann sogar hilfreich sein. Ich werde auf meinen Körper verwiesen, auf das, was da ist. Wir stellen uns ja gerne mithilfe vieler Worte dar. Demente Menschen dagegen zeigen mir einfach, was sie sehen, wie mein Körper aussieht, meine grauen Haare und wie ich damit umgehe. Sie lehren mich, das anzunehmen, was ist, und mich selbst zu akzeptieren, wie ich bin. Ich werde grau und das ist okay.

Menschen mit Demenz führen mich zu meinem Körper. Sie haben kein Interesse an abstrakten intellektuellen Gesprächen, sondern kommunizieren auch ohne Worte. Kommunikation, Begegnung geschieht, wenn wir einfach gemeinsam körperlich da sind.

Das ist keine Einschränkung, nein, es bringt mich

im Gegenteil zum Wesentlichen. Mein Körper ist das, was ich bin. Ich habe nicht nur einen Körper, ich bin mein Körper. Gottes Geist beseelt meinen Körper und dadurch bin ich Mensch.

Wir leben heute sehr verkopft. Menschen mit Demenz weisen mich auf die Bedeutung meines Körpers hin – auch für meinen Glauben. Ich selbst bin mit einem denkenden Glauben aufgewachsen. Glauben schien vor allen Dingen mit dem Aufnehmen und Akzeptieren von Lehrsätzen zu tun zu haben, die gut in ein System passten. Man musste sie nur begreifen und rational zustimmen. Erst dann durfte ich zum Beispiel am Abendmahl teilnehmen. Glaube mit dem Kopf; dein Körper spielt keine Rolle. So habe ich es erlebt.

Das ist nicht neu. Im Laufe der Theologiegeschichte gab es immer wieder die Tendenz zu einer körperfeindlichen Haltung.[22] Der Körper wurde beschrieben als zeitliche Hülle und eine Last, die wir einmal abschütteln werden. Unsere Gottebenbildlichkeit besteht dann vor allen Dingen in unserer Fähigkeit zu denken, zu argumentieren und uns moralisch korrekt zu verhalten. Die Ablehnung unseres Körpers oder zumindest eine schwierige Beziehung zu ihm ist schon von Beginn der Geschichte von Glaube und Theologie an bekannt und sie wirkt bis heute nach.

Durch den Kontakt mit dementen Menschen habe ich dagegen gelernt, dass der Glaube etwas mit dem ganzen Körper zu tun hat. Gott wohnt im anderen und in mir. Selbst wenn es keine Worte mehr gibt: Gott ist da. Gott ist in unserer Begegnung anwesend.

Im 1. Buch Mose, Kapitel 2 lesen wir, dass Gott dem Staub seinen Atem einhaucht und wir dadurch Mensch werden. Es kommt also nicht irgendeine unsterbliche Seele dazu, um für eine gewisse Zeit in unserem Körper, der Hülle, zu wohnen. Nein: Wir sind unser Körper. Dieser wird von Gott beseelt. Das ist ein Unterschied. Es bedeutet: Wie abhängig du auch bist, wie wenig Worte und Gedanken du auch noch haben magst: Du bist und bleibst ein Geschöpf Gottes, nach Gottes Bild geschaffen und von ihm beseelt.

Durch den Kontakt mit dementen Menschen und die damit verbundene Entdeckung meines Körpers gingen für mich immer mehr Türen zum Evangelium auf. Wird Gott nicht selbst Mensch? Ein vornehmes Wort dafür ist „Inkarnation". Aber wir können auch sagen: Gott wird zu einem Körper. Das ist wichtig. Menschwerdung ist „ein Körper werden". Ein Körper ist nicht einfach eine Art Verpackung, sondern du bist dein Körper. Und so tritt uns auch Gott als Mensch in einem Körper entgegen. Wir erinnern uns daran, wenn wir Abendmahl feiern. Wir wiederholen die Worte Jesu: „Nimm und iss, das ist mein Leib (Körper)."

Gott zeigt uns durch die Inkarnation, dass der Körper wichtig und jede Begegnung heilig ist, denn wir erleben dabei Gott, der in jedem Menschen wohnt. Das bedeutet, es ist nicht entscheidend, was ein Mensch kann oder nicht (mehr) kann. Ein jeder ist wertvoll und von Gott beseelt. Demenzkranke Menschen haben mir die Augen für diese Weisheit des Evangeliums geöffnet und ich bin dankbar, dass ich das von ihnen lernen durfte.

Eine prophetische Aufgabe

In diesem Zusammenhang ist eine Textstelle aus dem Brief des Paulus an die Gemeinde in Korinth besonders interessant. Paulus vergleicht hier die Gemeinschaft mit einem Körper.

Denkt zum Vergleich an den menschlichen Körper! Er stellt eine Einheit dar, die aus vielen Teilen besteht; oder andersherum betrachtet: Er setzt sich aus vielen Teilen zusammen, die alle miteinander ein zusammenhängendes Ganzes bilden. Genauso ist es bei Christus. Denn wir alle – ob Juden oder Nichtjuden, Sklaven oder Freie – sind mit demselben Geist getauft worden und haben von derselben Quelle, dem Geist Gottes, zu trinken bekommen, und dadurch sind wir alle zu einem Leib geworden.

Und wie jeder Körper besteht dieser Leib aus vielen Teilen, nicht nur aus einem. Wenn der Fuß behaupten würde: „Weil ich nicht die Hand bin, gehöre ich nicht zum Körper!", würde er trotzdem nicht aufhören, ein Teil des Körpers zu sein. Und wenn das Ohr behaupten würde: „Weil ich nicht das Auge bin, gehöre ich nicht zum Körper!", würde es trotzdem nicht aufhören, ein Teil des Körpers zu sein. Wenn der ganze Körper nur aus Augen bestünde, wo bliebe dann das Gehör? Wenn er nur aus Ohren bestünde, wo bliebe der Geruchssinn? Tatsache jedoch ist, dass Gott, entsprechend seinem Plan, jedem einzelnen Teil eine besondere Aufgabe innerhalb des Ganzen zugewiesen hat. Was wäre das schließlich für ein Körper, wenn alle Teile dieselbe Aufgabe hätten? Aber so ist es ja nicht. Es gibt einerseits viele verschiedene Teile und andererseits nur einen Körper.

Das Auge kann nicht einfach zur Hand sagen: „Ich brauche dich nicht!", oder der Kopf zu den Füßen: „Ich brauche euch nicht!" Nein, gerade die Teile des Körpers, die schwächer zu sein scheinen, sind besonders wichtig; gerade den Teilen, die wir für weniger ehrenwert halten, schenken wir besonders viel Aufmerksamkeit; gerade bei den Teilen, die Anstoß erregen könnten, achten wir besonders darauf, dass sie sorgfältig bedeckt sind (bei denen, die keinen Anstoß erregen, ist das nicht nötig). Gott selbst, der die verschiedenen Teile des Körpers zusammengefügt hat, hat dem, was unscheinbar ist, eine besondere Würde verliehen. Es darf nämlich im Körper nicht zu einer Spaltung kommen; vielmehr soll es das gemeinsame Anliegen aller Teile sein, füreinander zu sorgen. Wenn ein Teil des Körpers leidet, leiden alle anderen mit, und wenn ein Teil geehrt wird, ist das auch für alle anderen ein Anlass zur Freude.

Das alles gilt nun auch im Hinblick auf euch, denn ihr seid der Leib Christi, und jeder Einzelne von euch ist ein Teil dieses Leibes.[23]

Als Menschen formen wir miteinander einen Körper. Wir brauchen einander so, wie wir auch als Einzelne unsere verschiedenen Körperteile brauchen, die zusammen zu einer Einheit werden.

Dann schreibt Paulus: „Gerade die Teile des Körpers, die schwächer zu sein scheinen, sind besonders wichtig."[24] Wenn die Gemeinschaft bzw. die Kirche der Körper Christi ist und die schwächsten Teile die nötigsten sind, bedeutet das, dass Menschen mit Demenz der Gemeinschaft etwas zu sagen haben. Man kann vielleicht sogar die These wagen, dass Menschen mit Demenz eine prophetische Aufgabe haben. Sie sind unverzichtbar, weil ohne sie der Zusammenhalt des Körpers verloren geht. „Gott selbst, der die verschiedenen Teile des Körpers zusammengefügt hat, hat dem, was unscheinbar ist, eine besondere Würde verliehen. Es darf nämlich im Körper nicht zu einer Spaltung kommen; vielmehr soll es das gemeinsame Anliegen aller Teile sein, füreinander zu sorgen."[25]

Eine prophetische Aufgabe? Ich verstehe es in der Tat so. Menschen mit Demenz geben davon Zeugnis, dass man Gott erkennen kann, ohne den Intellekt zu bemühen, ohne spitzfindige Gedanken und Aussagen. Ihre Gotteserfahrung hat mit dem alltäglichen Leben zu tun. Sie ist sehr konkret und beruht auf körperlichen Erfahrungen, Gefühlen, Sinneseindrücken und dem Herzen. Das erlebe ich Woche für Woche bei den einfachen Gottesdiensten, die wir miteinander feiern. Manchmal begreifen Anwesende keines meiner Worte, sie verstehen nicht, was sie singen, aber ich beobachte, wie sie mitten ins Herz getroffen werden. Ich sehe, wie sie voller Hingabe singen und zu Gott beten. Manchmal höre ich im Anschluss: „Es war wunderbar!“, und weiß doch, dass sie kaum wiedergeben können, worüber ich gesprochen habe. Demente Menschen zeigen uns, dass es nicht um die Frage geht, worum es in der Predigt heute Morgen ging, sondern dass es darum geht, sein Herz von Gottes Liebe anrühren zu lassen. Sie lassen erkennen, dass man Gott im Herzen begegnen kann. Es ist eine eingeschränkte Sicht, dass man nur durch Wissen und Einsicht zu Gott finden kann.

Gerade die schwächsten Körperteile sind die nötigsten.

Menschen mit Demenz erleben sich selbst als schwach, hilfsbedürftig und vielleicht sogar lästig. „Ich bin nur noch eine Last“, höre ich oft. Die Bibel sagt dazu ausdrücklich Nein. Du bist nötig, du bist wichtig. Du hast eine prophetische Aufgabe und kannst zeigen, dass es nicht um Leistung geht, um gutes Aussehen, um Erfolg im Leben, um deinen Status.

Es ist gar nicht nötig, immer Leistung zu zeigen und diese auch noch auf Facebook zu dokumentieren, um geliebt zu werden. Du darfst sein, weil es dich gibt. Diese Botschaft muss immer wieder verkündet werden, mithilfe von Worten in Predigten und Büchern, aber vor allem durch die betroffenen Menschen selbst. Gerade durch ihre Abhängigkeit ist das Leben von Menschen mit Demenz das deutlichste Zeugnis dafür, worum es im Leben wirklich geht.

Menschen mit Demenz lassen mich Gott sehen. Sie

sind ein lebendiger Ruf nach Gemeinschaft, Beziehung und Liebe zueinander. Gott ist in sich selbst eine lebendige Liebesgemeinschaft als Vater, Sohn und Heiliger Geist. Wir sind sein Ebenbild, wenn wir in Gemeinschaft verbunden, in Liebe zu Gott, den Nächsten und uns selbst leben.

Demenz ist kein Segen, das möchte ich deutlich sagen. Wir müssen sie nicht schönreden. Es ist eine elende Erkrankung, die viel Aufmerksamkeit fordert. Doch damit ist noch nicht alles gesagt. Begegnungen mit Demenzkranken bleiben Begegnungen mit Menschen und sind allein dadurch wertvoll. Es sind gleichwertige Begegnungen, weil wir alle von Gottes Lebensatem leben. Es sind Begegnungen, in denen wir geben und nehmen.

Vielleicht habe ich von dementen Menschen mehr über Gott, über andere Menschen und mich selbst gelernt als jemals zuvor aus schlauen Büchern.

Demenz-Pfarrer zu sein empfinde ich darum auch nicht als eine besondere Spezialisierung. Mit Dementen kommt man zum Kern des Evangeliums. Sie fordern auf, sich als Gemeinschaft von Gleichwertigen zu verstehen, in der es auf jeden ankommt. In der wir einander brauchen. Menschen mit Demenz öffnen ihr Herz und lassen uns sehen, was ein Mensch in seinem tiefsten Wesen ist: zur Liebe fähig. Und das bleiben wir, bis zum Ende.

4 Sich selbst vergessen

„Der Schaffner lief über die Straße und ich hatte nur wenig Geld", erzählt mir Herr Anker. „Also im Park war kein Vogel zu sehen." Ich habe keine Ahnung, was er mir sagen will. Er selbst auch nicht. „Tut mir leid, ich habe Löcher im Kopf."

Ich kann Herrn Anker nicht folgen. Er scheint in seiner eigenen Welt zu leben. Manchmal versucht er leidenschaftlich, mich von seinen Ideen zu überzeugen, aber ich verstehe gar nicht, worum es geht. Manchmal kann er präzise benennen, was die Demenz bei ihm auslöst: Chaos im Kopf.

Demenz hat viele Nebenwirkungen. Sie bringt die Grundfesten deiner Existenz ins Wanken. Du fühlst dich unsicher, weil du nicht mehr weißt, wie du von einer Fahrradtour oder vom Einkaufen nach Hause finden kannst. Du schämst dich, wenn dir bei einer Geburtstagsfeier der Name deines Bruders nicht mehr einfällt. Du bist unsagbar traurig, weil du abhängig wirst von der Fürsorge anderer, selbst bei so kleinen Dingen wie Kaffeekochen.

Gefürchtet wie kaum etwas anderes

„Er ist nicht mehr da", sagt die Ehefrau von Herrn Anker. „Ich bin zwar verheiratet, aber eigentlich bin ich schon Witwe." Ihr Mann sitzt neben ihr und guckt in die Luft.

Ich erschrecke nicht mehr, denn schon oft habe ich solche Bemerkungen gehört. Und gleichzeitig irritiert es mich, dass ich nicht mehr erschrecke.

Nicht nur für die Betroffenen, auch für die Angehörigen steht das Leben auf dem Kopf. „Ich war schon kurz davor, ihm etwas anzutun", gibt Frau Anker zu. Die Pflege wurde so schwer, dass sie es kaum noch aushielt. Ihr Mann ließ sie keinen Moment alleine. „Selbst zur Toilette wollte er mitgehen", erzählt sie im Rückblick, „aus lauter Angst."

Manchmal wird es den Angehörigen zu viel. Der Umzug in ein Pflegeheim steht bevor, aber bei der Einstufung gelingt es dem Betroffenen, seinen Zustand so gut darzustellen, dass er nicht aufgenommen wird.

Nicht selten muss ein Angehöriger weitreichende Entscheidungen fällen, auch im medizinischen Bereich. Das ist oft nicht leicht. Und auch der Entschluss, den Angehörigen in ein Pflegeheim zu geben, ist mit einem Ansturm von Gefühlen verbunden und oft von Schuldgefühlen begleitet. Herrn Ankers Sohn Franz äußert sich deutlich: „Das will ich selbst auf keinen Fall erleben. Wenn mir das passiert, verabschiede ich mich. Das ist doch kein menschenwürdiges Leben mehr." Seine Euthanasieerklärung liegt schon bereit.

Vor Demenz fürchten wir uns. Denn man verliert dabei sich selbst. Nicht umsonst höre ich von kirchlichen und nichtkirchlichen Menschen: „Krebs ist schlimm, aber Demenz ist wohl das Schlimmste, was dir passieren kann."

Wie kommt es, dass wir Demenz so fürchten und solche Angst davor haben, dass wir sogar Sterbehilfe in Betracht ziehen?

„Ich möchte mich selbst nicht so vergessen", sagt Franz dazu und bringt damit die größte Angst bei Demenz zum Ausdruck: sich selbst verlieren, sich selbst vergessen. Abhängig zu werden von Pflege und den Entscheidungen anderer. Keine Kontrolle mehr zu haben, noch nicht mal mehr über die eigenen Ausscheidungen.

Dieses Schreckensbild ist naheliegend. Wenn ich in den Pflegeheimen unterwegs bin, werde ich damit konfrontiert. Ich sehe alte Fotos und mir wird bewusst, wie dieser Mensch einmal war. Ordentlich, gepflegt, mit einem strahlenden Äußeren. Und jetzt schlurft diese Person durch das Pflegeheim. Hier erlebe ich, was Demenz anrichten kann.

Manche Menschen kennen selbst ihren eigenen Namen nicht mehr. Das scheint mir schrecklich, denn dein Name begleitet dich dein ganzes Leben lang. Wenn man als Kind getauft wird, wird dein Name mit dem Namen Gottes verbunden. So wird es in der Kirche gesagt. Und wenn du deinen eigenen Namen vergisst, vergisst du dich selbst.

Ein altes Märchen erzählt von einer Hexe, die ihrem Sohn einen Fluch auferlegt: Er bekommt keinen

Namen, solange sie das nicht will. So geht der Sohn namenlos durch das Leben. Können Sie sich vorstellen, ohne Namen zu leben? Man ist ein Niemand. Wenn ein Mensch seinen eigenen Namen vergisst, vergisst er sich selbst.

Ist man dann überhaupt noch da?

Körper und Seele

Damit ist aber nicht alles gesagt. Diese Schreckensbilder haben zu tun mit der Vorstellung, dass ein Mensch nur sein Gehirn ist. Und wenn er sein Gehirn, sein Gedächtnis, seinen Verstand verliert, verliert er damit auch sich selbst.

Aber ein Mensch ist nicht nur sein Gehirn. Menschsein bedeutet, in Verbindung mit dem Schöpfer zu leben. Als Menschen sind wir eine besondere Mischung aus Materiellem und Immateriellem. Wir sind Körper und Seele. Beides gibt es nicht alleine. Die Seele ist nichts Unsterbliches, das in den Körper einzieht. Es ist der Atem Gottes, der den Staub lebendig macht. Ein Mensch hat nicht einen Körper, er ist Körper. Die Seele kann man verstehen als lebensspendende Kraft Gottes in allen Geschöpfen. Das verbindet uns mit Gott auf eine ganz tiefe Weise.

Menschen sind sozusagen Staub, der mit Leben gefüllt ist durch den Atem Gottes. Der Grund unseres Seins ist die Beziehung mit Gott.

Etwas von Gott ist in jedem Menschen und etwas

Heiliges in allen Begegnungen. Jeder Mensch ist es wert, dass man ihm weiter begegnet, denn Gottes Lebensatem ist in ihm. Jeder Mensch behält seine Würde, auch wenn er sich selbst vergisst. Warum? Einfach, weil er da ist. Weil er ein beseelter Körper ist.

Wenn einer dann seinen Namen vergisst, hält Gott ihn fest. Er hat seinen Namen mit dem unseren verbunden. Und sein Name lautet: „Ich werde da sein."[26]

Ich bekam einmal eine sehr außergewöhnliche – wahre – Geschichte zugeschickt. Ein Mann erzählte mir in einem Brief, dass er seine demente Tante über Jahre besucht hatte. Er schrieb: „Das Leben war meiner Tante nicht wohlgesonnen. In ihrer Jugend hatte sie oft mit Krankheiten zu tun. Sie verlor ihr einziges Kind, Hans, als er sieben war. Ihr Mann war Fabrikarbeiter. Eines Tages kamen seine Kollegen, um ihr mitzuteilen, dass er gestorben war. Mit vierzig. Soweit ich es beurteilen kann, ist ihr Leben danach farblos verlaufen. Eine Beziehung zu Gott hatte sie nicht." Die Tante war erst siebzig, als sie ins Pflegeheim kam. Der Mann gehörte zu den wenigen Menschen, die sie regelmäßig besuchten. „Einmal alle fünf bis sechs Wochen. Es war ja ziemlich weit von meinem Zuhause weg. ... Ein Gespräch war kaum möglich, sie sprach keine Sätze mehr, höchstens einmal ein, zwei Wörter."

Zusammen fuhren sie mit dem Auto spazieren. Zum Schluss tranken sie immer irgendwo einen Kaffee, aßen ein Stück Apfelkuchen und schließlich gönnten sie sich noch ein Gläschen Eierlikör mit Schlagsahne. Einmal fragte der Mann seine Tante nach dem Kirchturm auf der anderen Seite des Flusses. Sie erinnerte sich, dass der „irgendetwas mit dem Glauben“ zu tun habe. Aber als der Mann ihr erzählte, dass sie dort als kleines Mädchen getauft worden war, sagte ihr das nichts. Sie stierte weiter vor sich hin. „Da sagte ich zu ihr: Tante, du bist immer so traurig und fühlst dich so alleine. Ich möchte etwas mit dir vereinbaren. Wir wollen Jesus bitten, dass er sich deiner erbarmt. Ich möchte ihn bitten, dass er dir hilft, deine Trauer zu überwinden und dir wieder ein bisschen Lebensfreude zu geben. Es kann sein, dass du selbst mal zu beten vergisst. Ich werde es für dich tun und dich mit meinen Gebeten unterstützen.“

Sie begriff nicht, was er ihr sagte.

Über zehn Jahre lang machten die beiden die gemeinsamen Ausfahrten mit dem Auto. Dann geschah etwas Wunderbares: „Als wir zu zweit in einem Café saßen, war es plötzlich, als schlüge ein Blitz ein. Etwas, das medizinisch eigentlich unmöglich ist, geschah. Meine Tante kam aus ihrer Demenz heraus und wirkte plötzlich normal. Während sie in ihrem Kaffee rührte, erzählte sie mir, wie sehr sie es zu schätzen wisse, dass ich regelmäßig zu Besuch kam. Dass ich mit ihr diese Ausflüge machte und wir miteinander Apfelkuchen aßen. Dass unser Gespräch sie so anregte. ‚Wenn ich dann wieder im Heim bin, bin ich so erfüllt davon, dass ich wieder wochenlang durchhalte. Ich weiß auch, dass du immer für mich betest. Aber weißt du denn, dass ich auch für dich bete?‘“

„Ich war perplex“, erzählt der Mann in seinem Brief. „Dieses Gespräch mit meiner Tante dauerte nur fünf oder zehn Minuten. Dann war es vorbei und die Demenz schlug wieder zu." Für ihn war es ein Zeichen des Heiligen Geistes. Er verstand, dass der Heilige Geist ihm sagen wollte: „Du hast viel zu kleinmütig von mir gedacht, ich bin viel größer, als du denkst!"

Der Schreiber schloss daraus, dass selbst Menschen mit fortgeschrittener Demenz von Gott erreicht werden können, und beendete seinen Brief folgendermaßen: „Das war übrigens ein besonderer Freitag. Damals sah ich meine Tante zum letzten Mal. Drei Tage später verstarb sie ganz plötzlich. Eine Frau, die Jesus nicht finden konnte, als sie noch bei klarem Verstand war, wurde in ihrer Demenz von Jesus gefunden."

Weihnachten

Solche Geschichten erzählt auch die Bibel immer wieder.

Immer wieder sehen wir da, dass jeder Mensch zählt und Gott mit einem jeden im Gespräch bleibt. Jeder Mensch zählt, egal wie viel oder wenig er (noch) tun kann. Einfach, weil wir da sind, einfach, weil Gott uns sieht, weil ER uns seinen Lebensatem schenkt und wir in von ihm beseelten Körpern leben.

Ich denke dabei besonders an die Weihnachtsgeschichte nach Lukas 2. Wir lesen da, dass Gott Mensch wird. Maria erwartet ein besonderes Kind. Jesus wird Gottes Sohn genannt, wie der Engel Gabriel es gesagt hat. Gott steigt herab zu uns Menschen und wird ein kleines und verletzliches Kind.

Demenz wird gefürchtet, weil man sich selbst vergisst und nach Meinung nicht weniger sich selbst verliert. Das Wunderbare der Weihnachtsgeschichte ist aber gerade, dass sie von einem Gott erzählt, der sich selbst hingibt. Der seine Größe aufgibt, um ein Mensch zu werden in einem Körper zum Anfassen. Der hinabsteigt in eine Existenz, die manchmal viel Leid mit sich bringt, um diese am eigenen Leib zu erfahren. Um in Abhängigkeit zu leben und so angewiesen zu sein, dass sogar seine Windeln von Josef und Maria gewaschen werden mussten.

Das ist eine so großartige und wunderbare Geschichte, dass Gott klein und angewiesen sein will, dass wir das Jahr für Jahr feiern, um es ein wenig zu begreifen.

Und erst jetzt, da ich dieses Fest mit Demenzkranken feiere, dringt seine Bedeutung allmählich zu mir durch. Denn mitten unter diesen Menschen, so verletzlich und angewiesen sie sind, realisiere ich, wie nahe Gott uns gekommen ist. Ich kenne keinen Glauben, in dem Gott sich so erniedrigt und verletzbar macht, wie den christlichen. Und es gibt keine größere Liebe als die, dass wir in unserem Leben Gott miteinander teilen.

Weihnachten muss jedes Jahr gefeiert werden, gerade in einer Umgebung von Verletzlichkeit und Abhängigkeit. Die Weihnachtsgeschichte schenkt mir immer aufs Neue die Kraft und die Hoffnung für meine Tätigkeit als Demenz-Pfarrer.

Denn Gott ist mit uns – Immanuel!

5 Vergessen werden

Nach einem Gottesdienst, in dem ich über Demenz gesprochen habe, kommt eine Frau auf mich zu. „Mein Mann ist seit Kurzem im Pflegeheim", sagt sie. „Das ist nicht leicht", reagiere ich. „Ach, wissen Sie, was das Schwierigste ist? Dass seine Freunde nichts mehr von sich hören lassen."

Im Verlauf des Gesprächs erfahre ich dann, dass dieses Paar schon lange keinen Besuch mehr bekommt. „Keiner weiß, wie er mit der Krankheit meines Mannes umgehen soll. Es bedrückt alle sehr, ihn so zu sehen", vermutet die Frau. „Manche haben sich noch eine Weile telefonisch gemeldet, aber das ist jetzt auch vorbei."

Demenz ist eine der Krankheiten, die die Menschen am meisten fürchten. Natürlich spielt dabei der körperliche Abbau eine Rolle. Aber am meisten beschäftigt Betroffene und ihre Angehörigen die Frage, ob jemand mit Demenz auch weiter dazugehört. Ich höre tatsächlich sehr oft, dass Menschen nicht mehr besucht werden, dass man sie nicht mehr mit einbezieht und sie, wenn sie ehrenamtlich tätig sind, verabschiedet. Schritt für Schritt wird jemand ausgemustert.

Menschen im Umfeld finden es nicht leicht, mit einem Dementen umzugehen. Man weiß nicht, wie man reagieren soll. Vielleicht macht mir jemand mit Demenz sogar Angst, denn er oder sie reagiert komisch und ist so anders als früher.

Zusätzlich konfrontiert einen die Verschlechterung mit der eigenen Zukunft. Es ist schwer zu ertragen, mit der Nase darauf gestoßen zu werden, dass das Leben womöglich nicht immer so weitergeht wie jetzt. „Vielleicht steht mir das auch bevor …“, mag einer da denken.

Warum wird man so schnell vergessen, wenn man dement wird? Warum wird jetzt plötzlich am Wert dieses Menschen gezweifelt? Es hat damit zu tun, dass wir in einer Gesellschaft leben, in der das kognitive Denken über allem steht. Die kognitiven Fähigkeiten eines Menschen werden hoch geschätzt.[27] Das Denken nimmt einen bedeutenden Platz ein. In unserer Gesellschaft geht es um Effizienz, Zielstrebigkeit und Funktionalität. Man muss etwas leisten können.

Wenn diese Kapazitäten wegfallen, stellt sich die Frage: Welchen Wert hat ein Mensch noch, wenn er nicht mehr gut denken kann? Und noch schärfer wird gefragt: Bist du überhaupt noch jemand, wenn du so auf Hilfe angewiesen bist und dich selbst nicht mehr kennst?

Manche kommen zu dem Schluss, dass es angesichts der Krankheit besser wäre zu sterben. Denn wenn nur deine kognitiven Fähigkeiten zählen und du diese langsam verlierst, dann ist dein Leben nicht mehr lebenswert.

In einem kirchlichen Umfeld entsteht schnell Entrüstung, wenn so gedacht wird. Natürlich bist du wertvoll, auch mit Demenz. Du bist doch ein Kind Gottes. Aber wenn wir ehrlich sind, sind wir auch in der Kirche nicht frei von den gesellschaftlichen Maßstäben, die den Fokus auf die kognitiven Fähigkeiten legen. Wenn du nicht mehr begreifst, was um dich herum geschieht, gehörst du nicht mehr dazu. Na ja, vielleicht noch ein bisschen ...

Vielleicht kommt auch der Pfarrer nicht mehr. „Was macht es noch für einen Sinn? Die Frau weiß ja nicht mehr, wer ich bin, und hat meinen Besuch schon wieder vergessen, bevor ich zur Tür raus bin."

Gottesdienste werden zu aufregend. Die demente Frau versteht nichts mehr, und während des Abendmahls steckt sie ihr Brotstückchen in die Jackentasche. Beschämend für alle, auch für die Betroffene selbst.

Manchmal werden die Fragen auch subtil gestellt. Als ich ein junger Altenheim-Seelsorger war, hörte ich regelmäßig: „Oh, das ist eine sinnvolle Aufgabe." Und direkt danach wurde gefragt: „Und wann werden Sie ein richtiger Pfarrer mit einer eigenen Gemeinde?" Offensichtlich wurde meine Arbeit als Demenz-Pfarrer als Vorbereitung für ein anschließendes vollwertiges Pfarramt aufgefasst. Die seelsorgerliche Aufgabe gegenüber Demenzkranken zählt wenig. Menschen dachten, ich sei als Berufsanfänger erst dann ein richtiger Pfarrer, wenn ich in einer „echten" Gemeinde für jüngere Menschen arbeite.

Gottes Reich

Auch mit Demenz ist jemand ein vollwertiges Glied Christi. Das hat damit zu tun, dass jeder Mensch unendlich wertvoll und nach Gottes Bild geschaffen ist. Ich gehe sogar so weit zu sagen, dass wir in jeder Begegnung mit einem anderen Menschen Gott begegnen, weil wir alle seinen Lebensatem in uns tragen. Jede Begegnung ist eine heilige Begegnung, unabhängig davon, welchen Beruf ein Mensch hat und welchen Status, ob jemand noch etwas leistet oder nicht.

Gott kennt alle unsere Namen. Das ist das Fundament unseres Daseins, der Grund unseres Seins. Du bist und bleibst wertvoll, mit deinem ganzen Herzen, deiner ganzen Seele und deinem Verstand – und nicht nur dem Letztgenannten. Du zählst auch als Mensch mit Demenz, du bist auch dann wertvoll. Dein Umfeld lässt dich das erleben, wenn Menschen sich so wie Jesus zu dir hinabbeugen zu Begegnungen, die scheinbar bedeutungslos und wertlos sind. Aber du bist ja da und darum sind es Begegnungen.

Als Person mit Demenz gehörst du in Gottes Reich ganz und gar dazu. Denn Gott stellt die Welt auf den Kopf. Gott zeigt uns eine andere Welt. Gott macht das Unansehnliche ansehnlich. Er ruft uns auf, es genauso zu tun und unsere alten Denkmuster aufzugeben.

Ich bin davon überzeugt, dass wir dazu immer wieder neu aufgerufen, immer wieder wachgerüttelt werden müssen. Immer wieder müssen wir die Bibel aufschlagen, um das zu entdecken, und es zu uns durchdringen lassen.

Neulich las ich wieder einmal das Gleichnis vom reichen Mann und dem armen Lazarus. Darin geht es um den Wert eines Menschen, den man kaum ansehen mag, so wie Lazarus. Ihm gegenüber steht ein Mann, dem es gut geht und der wertgeschätzt wird, der in seiner Umgebung etwas zählt. Lukas 16,19-31 (NGÜ) erzählt:

Es war einst ein reicher Mann, der kleidete sich in Purpur und feinstes Leinen und lebte Tag für Tag herrlich und in Freuden. Vor dem Tor seines Hauses lag ein Armer; er hieß Lazarus. Sein ganzer Körper war mit Geschwüren bedeckt. Er wäre froh gewesen, wenn er seinen Hunger mit dem hätte stillen können, was vom Tisch des Reichen fiel; aber nur die Hunde kamen und leckten an seinen Wunden.

Schließlich starb der Arme. Er wurde von den Engeln zu Abraham getragen und durfte sich an dessen Seite setzen. Auch der Reiche starb und wurde begraben. Im Totenreich litt er große Qualen. Als er aufblickte, sah er in weiter Ferne Abraham und an dessen Seite Lazarus.

„Vater Abraham", rief er, „hab Erbarmen mit mir und schick Lazarus hierher! Lass ihn seine Fingerspitze ins Wasser tauchen und damit meine Zunge kühlen; ich leide furchtbar in dieser Flammenglut."

Abraham erwiderte: „Mein Sohn, denk daran, dass du zu deinen Lebzeiten deinen Anteil an Gutem bekommen hast und dass andererseits

Lazarus nur Schlechtes empfing. Jetzt wird er dafür hier getröstet, und du hast zu leiden. Außerdem liegt zwischen uns und euch ein tiefer Abgrund, sodass von hier niemand zu euch hinüberkommen kann, selbst wenn er es wollte; und auch von euch dort drüben kann niemand zu uns gelangen."

„Dann, Vater", sagte der Reiche, „schick Lazarus doch bitte zur Familie meines Vaters! Ich habe nämlich noch fünf Brüder. Er soll sie warnen, damit sie nicht auch an diesen Ort der Qual kommen."

Abraham entgegnete: „Sie haben Mose und die Propheten; auf die sollen sie hören."

„Nein, Vater Abraham", wandte der Reiche ein, „es müsste einer von den Toten zu ihnen kommen; dann würden sie umkehren."

Darauf sagte Abraham zu ihm: „Wenn sie nicht auf Mose und die Propheten hören, werden sie sich auch nicht überzeugen lassen, wenn einer von den Toten aufersteht."

Mit diesem Gleichnis kommt Jesus damit zum Kern des Evangeliums. Das Evangelium erzählt von Liebe, aber diese Liebe ist nicht lauwarm und immer nur sanft. Sie ist klar und wirft ein deutliches Licht auf unser Leben. Im obigen Gleichnis dreht Gott die Welt um. Der unansehnliche Lazarus gilt in Gottes Reich gerade als ansehnlich. Was wir als wertlos betrachten, ist bei Gott besonders wertvoll.

Ich selbst lerne das am ehesten von Menschen, die mich an Lazarus erinnern. Unansehnlich kann uns auch ein Mensch mit Demenz vorkommen. Gerade diese Lazarusse sind unsere Lehrer in der Nachfolge Christi. Sie zeigen uns, wie Gottes Reich gemeint ist. Wenn ich bei einem Demenzkranken sitze, der wenig Reaktion zeigt, verwirrt spricht und mich nicht erkennt, ist es einigermaßen verführerisch, wieder wegzugehen. Lieber wende ich mich schnell einem Bewohner zu, mit dem ich ein schönes Gespräch führen kann. Aber indem ich dableibe, mit ihm in Verbindung bleibe, auch wenn es mir armselig erscheint, lerne ich, wie Gottes Reich sein könnte. Ich lerne, das als wertvoll zu betrachten, was wertlos scheint. Ich lerne, jemanden mit Demenz, der in der Gesellschaft und für mich nichts mehr bewirken kann, als einen Menschen mit Bedeutung zu sehen.

Das Schöne ist, dass ich durch meinen Kontakt mit Dementen auch lerne, wie Gott mich selbst sieht. Auch ich bin ein wertvoller Mensch.

In der Kirche feiern wir Abendmahl. Es ist das Zeichen Christi, das uns aufruft, aufeinander zu achten, einander als wertvoll zu betrachten und einander gelten zu lassen, so wie wir sind. Ein jeder gehört dazu und ist Teil des Leibes Christi. Wer du auch bist, du gehörst dazu. In Brot und Wein kommt Jesus uns nahe. Durch dieses Zeichen verbindet er sich mit uns und uns untereinander. Hier finden wir das Evangelium in seiner deutlichsten Gestalt.

Darum wünsche ich Ihnen, dass Sie sich beim Teilen

von Brot und Wein in der Kirche von Christus erkannt wissen als wertvolles Kind Gottes. Dass Sie sich dann umsehen nach den Menschen neben sich im Kreis und allen anderen in der Gemeinschaft und auch außerhalb. Ich wünsche Ihnen, dass Sie jeden Menschen, dem Sie begegnen, als wertvolles Kind Gottes wahrnehmen können. Besonders diejenigen, die übersehen werden und von denen Sie nicht erwarten, dass ausgerechnet diese ihre Lehrer in der Nachfolge Christi sein können. Menschen mit Demenz.

Manchmal muss man neue Wege gehen, auch in der Kirche, um Gottes Reich zu bezeugen. Einmal, als ich gerade dabei war, beim Abendmahl das Brot auszuteilen, flüsterte mir eine Frau mittleren Alters ins Ohr: „Bitte geben Sie meiner Mutter das hier anstelle des Brots. Sie nimmt es sonst nicht." In ihrer Hand hatte sie ein *King Pfefferminzbonbon*. Für einen Moment war ich überrumpelt, aber dann fasste ich mich schnell, nahm das Bonbon mit dem passenden Aufdruck (!) und gab es ihrer demenzkranken Mutter mit den Worten: „Der Leib Christi."

Ostern

Vor seinem Tod und seiner Auferstehung trug Jesus uns auf, auch in Zukunft Brot und Wein miteinander zu teilen und dabei einander immer wieder in Erinnerung zu rufen: Tot ist nicht tot. Das feiern wir an Ostern. Ich möchte gerne ergänzen: Demenz ist auch nicht mit dem

Tod gleichzusetzen, auch wenn Betroffene und Angehörige es bisweilen so empfinden.

Denn wenn du dement bist, bist du für manche schon fast gestorben. Freunde bleiben weg, weil sie nicht wissen, wie sie mit dir umgehen sollen und weil sie die Verschlechterung deines Zustands nicht ertragen. Und dann stehst du alleine da. Du bist kaum noch da, während du doch noch lebst. Demenz kann sich also anfühlen wie ein Todesurteil. „Wenn ich nur das einmal nicht kriege." Und manche wünschen sich sogar zu sterben, bevor die Krankheit „angreift".

Jesus starb am Kreuz und wurde begraben. Damit nahm er das aussichtsloseste und unerträglichste Leiden auf sich, das einen Menschen treffen kann, um ganz bei uns zu sein. Am Ostermorgen suchte ihn Maria. Sie fand ihn nicht, obwohl er doch ganz nahe war. Er stand ja neben ihr und sprach mit ihr! Aber sie erkannte ihn nicht. Er war durch sein Sterben anders geworden und war doch derselbe. Er ist durch den Tod hindurchgegangen zu neuem Leben. Und um neues Leben zu geben. Das feiern wir an Ostern, weil wir Anteil haben dürfen an seiner Kraft und seiner Botschaft.

An Ostern sollten wir darum einander verkündigen: Der demente Mensch ist nicht tot, sondern lebt. Er lebt! Jeder soll es wissen: Er lebt! Vergiss ihn nicht und besuche ihn, auch wenn er unter Umständen nicht wiederzuerkennen ist. Denn dieser Mensch ist immer noch derselbe. Und lebt!

6 Singen und Musik

„Was für eine schöne Musik“, sagt sie und streckt vorsichtig den Kopf durch die Tür. „Darf ich reinkommen?“ Sie wirkt traurig und verwirrt. „Natürlich“, sage ich, „kommen Sie!“ Sie setzt sich auf einen der Stühle, die ich gerade bereitstelle. Ich setze mich daneben. Vorsichtig, mit leiser Stimme, doch ganz textsicher singt sie eines der Lieder mit, die ich im Hintergrund laufen lasse.

Ich teste die Musik für den Altenheimgottesdienst, der gleich beginnt. „Ach, wie schön. Das kenne ich aus meiner Kindheit“, sagt sie mehr zu sich selbst als zu mir. „Ich wohnte damals bei meiner Oma nahe bei der Kirche und jeden Sonntag gingen wir gemeinsam zum Gottesdienst.“ Ich sehe, wie sich die Zeit für sie zurückdreht. Sie lächelt.

Als das Lied vorbei ist, schaut sie mich freundlich an und sagt: „Wie schön, das mal wieder zu singen. Ich fühle mich wie zu Hause.“

Was geschieht hier? Wie gelingt es der Musik, dass diese Frau, die oft verwirrt durch das Haus geistert, plötzlich ruhig wird und „nach Hause" kommt? Wie schafft es die Musik, über die Demenz hinweg ihre Wirkung zu zeigen?

Der bekannte Professor für Neuropsychologie Erik Scherder[28] klärt uns auf. Zwei Bereiche unseres Gehirns spielen für das Erinnern von Musik eine Rolle: der „anteriore cinguläre Cortex" und das „präsupplementäre motorische Areal". Diese Bereiche des Gehirns bleiben bei Demenz am längsten erhalten. Ein Demenzkranker, der schon fast alles vergessen hat, kann sich an ein bestimmtes Lied gut erinnern. Es handelt sich dann um implizites Erinnern. „Wenn ein Patient die Musik hört, kommt sie unbewusst (implizit) wieder ins Gedächtnis zurück, ohne dass darüber bewusst nachgedacht werden muss."

Mithilfe der Musik kann man offensichtlich Erinnerungen hervorrufen, die man längst für unerreichbar gehalten hat. Schon wenn ein Mensch die Melodie hört, kann er oder sie mitsingen. Es stellt sich das Gefühl ein, etwas wiederzuerkennen und sogar nach Hause zu kommen. Für die Betroffenen ist damit oft ein großes Wohlbefinden verbunden. Sie genießen es, werden ruhig und gehören dazu, ohne sprechen zu müssen.

Viele Bücher empfehlen die Wirkung von Musik bei Demenz und geben den Rat, Musik beim Aufstehen und Waschen einzusetzen, wenn ein Mensch angstvoll und unruhig ist. Manche raten auch dazu, im Wohnzimmer ein Tänzchen zu wagen, um einen Patienten in Bewegung zu bringen. Die beschriebene positive Wirkung erzielen auch die alten Kirchenlieder, an die Demenzkranke sich gut erinnern können, wie das obige Beispiel der älteren Frau zeigt.

Ich erlebe Ähnliches regelmäßig in unseren einfachen Altenheim-Gottesdiensten. Auch die Bewohner, die kein Wort mehr sprechen, singen die bekannten Kirchenlieder ohne einen einzigen Fehler mit. Dann sehe ich ihre Augen leuchten und manchmal ändert sich die Körperhaltung völlig. Ein in sich gekehrter und zusammengesunkener Mensch richtet sich auf und wird aufmerksam. Das sind wertvolle und Mut machende Erfahrungen. Verloren Geglaubtes taucht wieder auf. Auch für die Angehörigen ist es wunderbar, das zu erleben.

Ich denke an eine Tochter, die ihre Mutter im Pflegeheim besuchen kam. Sie konnte sie nicht gleich finden und suchte sie im ganzen Haus. Durch ein Fenster sah sie ihre Mutter schließlich in unserem Gottesdienst sitzen. Vorsichtig öffnete sie die Tür, der Gottesdienst hatte schon begonnen. Zufällig war neben ihrer Mutter noch ein Platz frei und sie setzte sich still dazu, ein bisschen unsicher, denn – wie sie im Anschluss erzählte – „ich habe es nicht so mit dem Glauben“. Mit einiger Distanz folgte sie dem Gottesdienst, Hand in Hand mit ihrer Mutter. Als wir dann das Lied „Veilig in Jezus' armen“ (Geborgen in Jesu Armen) sangen, erlebte sie, wie ihre Mutter aus voller Brust und mit ganzem Herzen mitsang. Normalerweise sprach die Mutter kaum noch. Doch jetzt sang sie das Lied von Anfang bis Ende mit. Da flossen bei der Tochter Tränen.

Trotz der Demenz bleiben Singen und Musik noch lange eine Möglichkeit, miteinander zu kommunizieren.

Gott loben

Doch ist das alles? Ist das Hören oder Singen religiöser Musik nur ein psychologischer Trick, um das Wohlbefinden eines Demenzpatienten zu verbessern?

„Wer liebt, singt", sagte der Kirchenvater Augustinus von Hippo (354–430).[29] Liebe bringt uns dazu zu singen. Ein verliebter Mensch summt vor sich hin. Man singt voller Freude aus Liebe zueinander. Augustinus hatte darüber hinaus auch die Liebe zu Gott im Blick. Schon in der Alten Kirche und zu allen späteren Zeiten wurde in der Kirche gesungen: Choräle, Gregorianik, Marienlieder, Psalmen und vieles mehr.

Glaube und Singen gehen Hand in Hand. Von Anfang an hat Musik in Kirche und Theologie eine wesentliche Rolle gespielt, auch in der protestantischen Tradition. „Eine reformatorische Gemeinde ist eine singende Gemeinde. Die Reformation kennt keine ‚stille Messe'. In jedem Gottesdienst wird im Angesicht Gottes gesungen."

Sowohl Luther als auch Calvin haben Musik zum Lob Gottes stark gefördert. Luther sagte: „Ich gebe der Musik den ersten Platz nach der Theologie. Wir können es an David und den Propheten sehen. Alles, was sie zu sagen hatten, haben sie in Metren und Gesängen weitergegeben."[30]

Nach Luther und Calvin spricht das Evangelium mit Musik direkt unser Herz an. Man kann das selbst erleben. Auch wenn in einem Gottesdienst die Predigt einmal ganz an uns vorbeigeht, kann ein Lied uns unmittelbar erreichen. Ein Lied, das man in der Kirche gesungen oder im Radio gehört hat, geht einem den ganzen Tag nicht mehr aus dem Kopf.

Bis heute singen wir in unseren Gottesdiensten. Dabei bringt der japanische Meisterdirigent Masaaki Suzuki das uralte Motiv unseres Singens besonders deutlich zur Sprache, wenn er sagt: „Es ist nicht in erster Linie die Aufgabe von Musik in der Kirche, professionellen Ansprüchen zu genügen. Das Wichtigste ist das Lob Gottes."[31]

Religiöse Musik ist darum mehr als ein psychologischer Trick, um das Wohlbefinden zu verbessern. Sie ist eine besondere Form des Gotteslobs. Sie ermöglicht die Begegnung mit Gott bis zum Schluss. Manchmal geschieht das, indem jemand aus vollem Herzen mitsingt, manchmal einfach beim Zuhören und wenn jemand in der Stille seines Herzens mitsingt. Religiöse Lieder anhören und mitsingen heißt mit Gott Kontakt haben.

Niemand kann es besser zum Ausdruck bringen als der Dichter des Psalm 146,2 (NGÜ): „Ich will den Herrn loben mein Leben lang, für meinen Gott singen und musizieren, solange ich bin."

Die Möglichkeit, Gott so zu begegnen, hört nicht

auf, wenn ein Mensch dement wird. Im Gegenteil: Es gehört zu meiner Erfahrung, dass sie sogar an Bedeutung gewinnt. Gerade mit Demenz möchte man singen. Nicht solange man „noch klar im Kopf" ist, sondern solange man da ist. Solange es uns gibt, sind wir fähig zu einem Leben in Liebe zu Gott, zu unserem Nächsten und zu uns selbst. Und darum können und wollen wir auch zu Gott singen.

Für Menschen mit Demenz ist das Singen nicht einfach nur das Zurückholen alter Melodien und Texte. Es ist gelebte Erinnerung. Durch das Singen und Hören bekannter geistlicher Lieder werden Gottes Taten in diesem Moment gegenwärtig, sie werden wieder lebendig.

Ich erlebe in Gottesdiensten, dass das gemeinsame Singen der Kirchenlieder etwas anderes ist als das Singen anderer Lieder. Da ist natürlich zunächst einmal der Wiedererkennungseffekt, aber es geschieht mehr. Menschen bemerken, dass sie von und zu Gott singen. Auch wenn die Worte manchmal zu groß sind, dringt das Wesentliche zum Herzen vor. Menschen sind ergriffen von dem, was gerade geschieht, wenn sie in Gemeinschaft miteinander singen oder Musik hören. Und vor allen Dingen sind sie von Gott ergriffen, der durch die Musik hindurch mit ihnen spricht. Musik und Singen ermöglichen es, die Beziehung mit Gott zu behalten und sie zu pflegen.

Wir singen mit dem ganzen Körper. Wir produzieren nicht nur Töne, sondern singen mit Herz, Seele und dem ganzen Körper. Wenn wir zusammen geistliche Lieder singen, begegnen wir Gott ganzheitlich. Auch derjenige, der kein einziges Wort mehr sagen kann. Gemeinsam begegnen wir dem Leib Christi. Miteinander sind wir der Leib Christi.

Pfingsten

In der Erinnerung geht es nicht nur um die Vergangenheit des singenden Menschen. Durch die Erinnerung hindurch wird Christus lebendig. Das Lied wird zu einer Weise der Kommunikation mit Gott. Wenn ein Mensch in seiner Krankheit die richtigen Worte nicht mehr finden kann, legt das alte Lied ihm die Worte in den Mund. Es ist immer schön für mich, das zu erleben. Inmitten aller Traurigkeit singen wir miteinander. Wir singen manchmal über das hinaus, was wir selbst einlösen können. Das Lied richtet uns auf. Ein Lied kann Hoffnung geben und durch den Tag tragen.

Selbst wenn ein dementer Mensch verworren und unverständlich spricht, kann die Musik Wunder wirken. Es ist wie in der biblischen Geschichte von Pfingsten nach Apostelgeschichte 2. Die Jünger Jesu warten nach Jesu Auferstehung und Himmelfahrt in einem Haus darauf, was geschehen wird. Dann kommt an Pfingsten die Aussendung des Heiligen Geistes. Die Jünger stehen in Feuer und Flamme und gehen hinaus auf die Straße, um von Ihm zu erzählen.

In der damals schon internationalen Stadt Jerusalem treffen sie Menschen aus allen Himmelsrichtungen, Nationen und Sprachen. Die Jünger scheinen in wirren

Zungen zu sprechen. Aber dann geschieht etwas: „Wie kommt es, dass jeder von uns sie in seiner Muttersprache reden hört?“ (Apostelgeschichte 2,8).

Der Geist Gottes lässt uns einander verstehen. Und das erleben wir jedes Mal, wenn wir mit demenzkranken Menschen singen. Auch wenn sie mittlerweile fremde, unverständliche Sprachen sprechen, Gottes Geist hilft uns, beim Singen einander zu verstehen. So atmet jeder bescheidene Gottesdienst, den ich mit dementen Menschen feiere, den Geist von Pfingsten.

Im Singen und Musikhören können wir Gott erfahren. Auch wenn ein Mensch es nicht mehr in Worte fassen und schon gar nicht mehr reflektieren kann, geschieht das, und selbst wenn man nur zu zweit in einem für einen Gottesdienst notdürftig umgeräumten Sitzungssaal sitzt.

Kirchenmusik bei Demenz bedeutet erinnernde Gemeinschaft mit Gott und miteinander. Das wird in einem Lied in unserem niederländischen Gesangbuch wunderbar zum Ausdruck gebracht:

Auch wenn meine Gedanken schwinden
und ich die Worte vergesse,
wenn Sprache und Zeit mir verloren gehen,
dein Wort hat Lebenskraft.
Da sind Erinnerungen
und dein Herzschlag ist in meinem Ohr,
wenn ich die Klänge vernehme
und die Psalmen mitsinge.[32]

7 Die Zukunft im Blick

„Ich hatte ein gutes Leben", sagt sie am Ende unseres Gesprächs. Eine halbe Stunde lang hat sie mir ihre Geschichte erzählt. „Und", frage ich sie, „was erwarten Sie von der Zukunft?" Sie setzt sich aufrecht hin und sagt mit fester Stimme: „Ich habe keine Zukunft mehr."

Schau mit ihnen zurück und frage sie nach ihrem Leben in der Vergangenheit, so lautet in der Regel der Rat für Gespräche mit Dementen. Tatsächlich scheinen diese Menschen vor allem in der Vergangenheit zu leben. Die Zeit der Berufstätigkeit, die Zeit, als die Kinder noch klein waren, oder sogar die eigene Kindheit bei Vater und Mutter rückt vollkommen in den Vordergrund. Dazu passt die Beobachtung, dass Demenzkranke häufig nach ihrer Mutter rufen.

Doch das bedeutet nicht, dass demente Menschen nicht an die Zukunft denken. Regelmäßig frage ich: „Wie sehen Sie Ihre Zukunft?" Das ist eine einfache Frage, auf die mir immer Antwort gegeben wird – wobei die Reaktionen stark variieren:

Ich lebe heute, im Hier und Jetzt.

Ich sehe keine Zukunft mehr.
Ich hoffe auf noch einige Jahre.
Oder: Ich hoffe, dass mein Ende bald kommt.
Ich freue mich darauf, im Jenseits meine Lieben wiederzutreffen.
Ich habe Angst vor dem Tod.
So vielfältig ist das, was ich höre.

Zurückblicken

Nach vorne schauen ist wichtig. Das gelingt allerdings nicht, wenn man nicht erst einmal zurückgeblickt und seine Lebensgeschichte erzählt hat. Darum stelle ich die Frage nach der Zukunft auch nicht aus heiterem Himmel. Sie schließt immer an einen gemeinsamen Rückblick an.

Wenn man auf sein Leben zurückschaut, erzählt man eine Geschichte. Mit Demenz wird es kaum noch zu einer zusammenhängenden Erzählung kommen. Aber das macht nichts. Denn die wesentlichen Punkte kommen immer noch nach oben. Wir wissen ja auch, dass die Lebensgeschichte, die wir heute erzählen, anders aussieht als die, die wir morgen erzählen werden. Wie ein Mensch auf sein Leben zurückblickt, hat immer damit zu tun, wie er heute lebt. Und es hat Einfluss auf das, was er von der Zukunft erwartet.

Vergangenheit und Zukunft sind miteinander verbunden. Darum frage ich Betroffene und ihre Angehörigen: Was möchten Sie einander noch sagen? Gibt es noch etwas, das ausgesprochen werden muss? Wir brauchen die Zukunft nicht auszublenden. Der Gesundheitszustand wird sich verschlechtern und das Lebensende wird kommen. Wenn man in dieser Situation zurückblickt: Was wurde noch nicht gesagt, was möchte man noch loswerden?

Eine schöne Übung ist es, einander einen Dankesbrief zu schreiben und sich dafür zu bedanken, was man einander sein konnte.[33] So fasst man Dankbarkeit und Liebe für seine Nächsten in Worte.

In einer Angehörigen-Gesprächsgruppe haben wir das getan. Bei einem folgenden Treffen brachten die Teilnehmer ihre Briefe mit und einige trauten sich, diese vorzulesen. Da flossen Tränen. Ein Teilnehmer sagte nach dem Vorlesen sehr gerührt: „Das Aufschreiben fiel mir eigentlich recht leicht. Aber jetzt höre ich mir selbst beim Vorlesen zu. Das geht mir nahe." Die anderen stimmten zu: „Wir haben so viel über die Liebe zu deiner Mutter gehört."

Das Schreiben eines Dankesbriefs ist eine gute Gelegenheit, auf das gemeinsame Leben zurückzublicken und zu erkennen, was man einander geben konnte. Es wäre doch eine Schande, wenn das erst nach dem Tod des Angehörigen geschehen würde, wenn der es nicht mehr hören kann.

Vergeben

Es interessiert mich, wie ein Mensch zurückblickt. Es ist schön, wenn es gelingt, voller Zufriedenheit auf das bisherige Leben zu schauen. Aber so ist es nicht immer. Nicht selten kommt es in Familien zu Brüchen. Manchmal geht es so weit, dass Angehörige einander nicht mehr besuchen und überhaupt keinen Kontakt mehr haben. Das kann durch winzige und eigentlich zu vernachlässigende Ereignisse gekommen sein, die zu übertriebenen Problemen angewachsen sind. Aber es gibt auch Geschehnisse, die zu Recht einen Kontaktabbruch nach sich ziehen. Ich denke dabei an Missbrauch.

Es ist gut zurückzublicken und mit der Zukunft im Blick zu fragen: Kann ich diese Vergangenheit loslassen? Will ich das?

„Ich möchte Ihnen etwas erzählen“, begann ein Mann mit zögerlicher Stimme. „Jetzt, da ich älter werde und mein Lebensende näher rückt, werde ich immer mehr von meinen Schuldgefühlen gequält. Ich möchte meine Frau um Vergebung bitten für die Fehler, die ich gemacht habe. Sie weiß nichts davon.“ Er ist unsicher. „Aber“, so sagt er, „jetzt geht es noch.“

Dieser demente Mann konnte die Schuldgefühle seiner Frau gegenüber nicht länger ignorieren. Er war in seiner Ehe fremdgegangen. Jetzt kam ihm im Rückblick dieser Fehltritt immer wieder vor Augen. So kam er zu mir. Während der ersten Gespräche druckste er noch herum, aber im vierten Gespräch rückte er damit heraus: „Ich möchte beichten.“

Er fand, dass er Vergebung brauchte, denn seine Unruhe fraß ihn auf. Voller Spannung stand er vor mir.

„Wofür wünschen Sie Vergebung?“ Er erzählte und erzählte. Zuerst zurückhaltend und voller Scham, doch als er merkte, dass ich ihn nicht verurteilte, strömten die Worte nur so aus ihm heraus. „Um weiterleben zu können, musste ich das jetzt einmal loswerden“, sagte er erleichtert. „Aber soll ich es meiner Frau auch erzählen?“

Seine Frau war bereits tot. Das wusste er schon nicht mehr. Ich sagte es ihm ganz vorsichtig. „Ach, das stimmt ja“, erinnerte er sich. „Würden Sie dann vielleicht mit mir beten?“ Wir haben dann um Vergebung von Gott und von seiner Frau gebeten.

An die Zukunft denken ist wie die Taufe. Es bedeutet immer wieder von vorne zu beginnen, auch wenn es nur um den nächsten Tag geht. Aber dafür muss man erst zurückblicken und Bilanz ziehen, und sei es mit bruchstückhaften Worten. Zurückblicken, um dann im Anschluss nach vorne zu schauen und neu zu beginnen, Angst und Unzufriedenheit aufzugeben und neu zu leben. So kann ein Gebet in einem Gespräch wie eine Taufe wirken: Wir blicken zurück und gehen weiter als solche, denen vergeben wurde, die versöhnt sind.

Zukunft

Wie wir gesehen haben, spielen Verluste bei Demenz eine große Rolle. Man verliert die Zukunft, die man sich erhofft hatte: Reisen, die Rente genießen, sich um die Enkel kümmern, all das gehört zu unseren Zukunftsvorstellungen. Mit der Diagnose Demenz fallen diese Bilder in sich zusammen. „Es kommt einem ein bisschen vor, als würde man in ein dunkles Loch springen", so hat es ein pflegender Angehöriger einmal formuliert. Man hat keine Ahnung, was kommt. Nur dass es nicht besser wird, das weiß man. Die Auswirkungen auf das Leben sind so weitreichend, dass man seine sozialen Kontakte verlieren kann. Pflegende Angehörige sind so belastet, dass für ihre Hobbys und Unternehmungen kaum Zeit übrig bleibt.

Beziehungen verlieren ihre Wechselseitigkeit. Der betroffene Demenzkranke kann häufig den Gesprächen nicht mehr folgen. Für die Angehörigen ist er kein gleichwertiger Partner mehr. Das ist das, was viele besonders fürchten: abhängig zu werden. Oder als Angehörige den Lebensgefährten zu verlieren.

„Ich bin im Grunde schon dabei, Abschied zu nehmen, auch wenn mein Mann noch lebt", erzählt mir eine Frau. Ihr Mann wohnt in einem Pflegeheim und erkennt sie nicht mehr. Und sie erkennt ihn auch nicht mehr, so hat er sich verändert. Der Verlust eines Menschen, so wie er einmal war, gehört im Grunde schon zum Trauerprozess. Während man sich auf den endgültigen Abschied vorbereitet, trauert man bereits. Man antizipiert das Ende und nimmt den letzten Abschied schon vorweg. Man nennt diese Phase darum auch „vorweggenommene Trauer".

Solche Aussichten machen vielen Menschen Angst. Menschen fürchten sich vor Demenz, auch wenn sie gar nicht betroffen sind. „Wenn ich diese Krankheit nur nicht kriege", höre ich immer öfter. „Ich hoffe, dass meine Familie nicht betroffen ist. Ist die Krankheit eigentlich erblich?"

Ein Mensch leidet am meisten an der Krankheit, vor der er sich fürchtet, lautet ein geflügeltes Wort. Nicht umsonst kennen spirituelle Traditionen, auch die christliche, den weisen Rat, sich vorzubereiten auf das, was kommen könnte. Das bedeutet ganz schlicht, der eigenen Sterblichkeit ins Gesicht zu sehen und zu erkennen, dass wir endliche und verletzliche Menschen sind. Christliche Denker wie z. B. Augustinus Baker, aber auch der Komponist Wolfgang Amadeus Mozart, erinnern uns daran, dass man in seinem Leben regelmäßig die Zukunft in den Blick nehmen sollte, um das nicht zu vergessen.[34] Wir sollten auch nicht davor zurückschrecken, das, was wir am meisten befürchten, in Betracht zu ziehen. Und uns dann daran erinnern, dass Gott auch im schlimmsten Fall immer noch bei uns sein wird. Das ist eine geistliche Übung, die uns Vertrauen in die Zukunft lehren kann.

An Gottes Hand

Als die Jünger Jesu wieder einmal alleine ausfuhren, gerieten sie in der Nacht in einen Sturm. Matthäus 14,22-32 (NGÜ) erzählt davon:

Nun drängte Jesus die Jünger, unverzüglich ins Boot zu steigen und ihm ans andere Ufer vo-

rauszufahren; er wollte inzwischen die Leute entlassen, damit sie nach Hause gehen konnten. Als das geschehen war, stieg er auf einen Berg, um ungestört beten zu können. Spät am Abend war er immer noch dort, ganz allein. Das Boot befand sich schon weit draußen auf dem See und hatte schwer mit den Wellen zu kämpfen, weil ein starker Gegenwind aufgekommen war.

Gegen Ende der Nacht kam Jesus zu den Jüngern; er ging auf dem See. Als sie ihn auf dem Wasser gehen sahen, wurden sie von Furcht gepackt. „Es ist ein Gespenst!", riefen sie und schrien vor Angst. Aber Jesus sprach sie sofort an. „Erschreckt nicht!", rief er. „Ich bin's. Ihr braucht euch nicht zu fürchten." Da sagte Petrus: „Herr, wenn du es bist, dann befiehl mir, auf dem Wasser zu dir zu kommen!" – „Komm!", sagte Jesus. Petrus stieg aus dem Boot und ging auf dem Wasser auf Jesus zu. Doch als er merkte, wie heftig der Sturm war, fürchtete er sich. Er begann zu sinken. „Herr", schrie er, „rette mich!" Sofort streckte Jesus seine Hand aus und hielt ihn fest. „Du Kleingläubiger", sagte er, „warum hast du gezweifelt?" Dann stiegen beide ins Boot, und der Sturm legte sich.[35]

Die Jünger Jesu sind den Wassermassen ganz und gar ausgeliefert. Überall, wo sie hinschauen, steigen die Wellen hoch. Was nun? Was ist, wenn …?

Dann kommt Jesus zu ihnen. Sie erkennen ihn jedoch

nicht. Es muss sich für die Jünger angefühlt haben wie für Menschen mit Demenz: Die Menschen, denen sie vertrauen, erkennen sie nicht mehr. Und auch ihre eigentlich vertraute Umgebung kommt ihnen fremd vor und sie wissen nicht, wo sie sind. Das löst eine große Verunsicherung aus: Wer sind die Leute um mich herum?

Dann fragt Petrus verzweifelt: „Bist du es, Herr?“ Er erkennt ihn nicht. Aber als Jesus das bestätigt, wagt es Petrus, aus dem Boot zu steigen und auf dem Wasser zu gehen. Doch er zweifelt: Ist es wirklich Jesus? Ist er da? Ist er wirklich präsent in stürmischen Zeiten? Dann beginnt er zu sinken und schreit: „Herr, rette mich!“ (Vers 30). Er kann nicht anders. Und Jesus ergreift ihn und hält ihn fest.

Vor Kurzem erzählte mir eine Frau: „Letzte Nacht war ich wieder so unruhig, dass ich nicht schlafen konnte. Ich hatte Todesangst.“ „Wovor hatten Sie Angst?“, fragte ich. „Vor allem, was kommen könnte. Aber dann fing ich an zu beten und schließlich rief ich laut zu Gott. Da wurde ich ruhig.“ Jesus hielt sie fest.

In unseren Gottesdiensten singen wir oft das Lied „Wat de toekomst brengen moge“, „Was immer die Zukunft bringen mag“[36]. Es ist ein Lied des Vertrauens, auch wenn die Zukunft ungewiss ist und wir alle wissen, was alles in einem verletzlichen Menschenleben geschehen kann. Wir wissen ja, dass sich der Zustand bei Demenz nicht mehr verbessern wird. Und trotzdem singen die Demenzkranken dieses Lied mit Herz und Seele mit. Wir singen mehr, als wir selbst wahr machen können. Wir geben uns in Gottes Hand, im Wissen oder doch immerhin in der Hoffnung, dass ER da ist.

„Als ich noch zu Hause war, dachte ich immer: Wenn ich einmal ins Pflegeheim muss, habe ich genug. Dann will ich nicht mehr leben“, erzählt mir ein Bewohner. Mittlerweile ist er schon einige Jahre da. „Als ich dann hier war, dachte ich: Wenn ich nicht mehr mit dem Rollator unterwegs sein kann, reicht es mir.“ Er bekam dann einen Rollstuhl. „Da dachte ich mir: Wenn ich nicht mehr alleine vom Rollstuhl auf die Toilette komme, dann ist es genug.“ Das erzählt er mit einem kleinen Lächeln. Mittlerweile ist das Ende nahe. Er ist bettlägerig und wir haben ein gutes Gespräch. Was hat ihn am Leben gehalten? „Meine Familie“, sagt er mit fester Stimme.

Menschen sind anpassungsfähig. Das merke ich immer wieder in den Heimen. Auch wenn jemand sich davor fürchtet, was auf ihn zukommen kann: Wenn diese Zukunft dann da ist, kommen Menschen damit zurecht. Dabei können wir einander helfen. Dem Mann gab seine Familie die Kraft dazu. „Und Gott trug mich“, fügt er hinzu.

Das Lebensende

Wer in die Zukunft blickt, stößt unausweichlich auf das Ende des Lebens. Dass das ein Thema nicht nur für alte Menschen ist, lesen wir bei Jean-Jaques Suurmond in seinem Buch über den berühmten Komponisten Wolfgang Amadeus Mozart.[37] Mozart versuchte, bewusst mit dem Tod vor Augen zu leben. Wie Suurmond schreibt, sah Mozart schon früh, dass es sinnvoll ist, sich auf den Tod einzustellen. Er war spirituell begabt. In einem Brief an seinen Vater vom 22. April 1787 dankt der junge Mozart Gott, dass ER ihn gelehrt hat, dass der Tod „der Schlüssel zum wahren Glück" ist. Da ist Mozart 31 Jahre alt und hat keine Angst mehr vor dem Tod, denn er hat sich mit „diesem guten und treuen Freund des Menschen" bereits angefreundet. „Ich gehe niemals schlafen, ohne daran zu denken, dass ich, so jung ich bin, am nächsten Morgen nicht mehr da sein könnte. Und doch kann niemand, der mich kennt, sagen, dass ich jemals mürrisch oder schwermütig bin. Ich danke täglich meinem Schöpfer für meinen frohen Mut und wünsche diesen von Herzen all meinen Mitgeschöpfen."

Es ist gut, wenn wir uns geistig und praktisch auf den Tod vorbereiten. Was muss noch geregelt werden? Sollte ich meine Beerdigung schon vorbereiten? Vielleicht kann ich zumindest die Lieder auswählen? Es kann hilfreich sein, das mit den Angehörigen vorab zu besprechen. Manchmal entstehen so wertvolle und tiefsinnige Glaubensgespräche.

Es ist auch sinnvoll, im Blick zu haben, dass die fortschreitende Demenz immer mehr (medizinische) Entscheidungen fordern wird. Die betroffene Person wird diese selbst nicht mehr treffen können. Man sollte sich fragen: Möchtest du noch eine Antibiotika-Behandlung bei einer Lungenentzündung, auch wenn die Demenz schon weit fortgeschritten ist? Möchtest du reanimiert werden? Was sollen wir tun, wenn du sexuellen Kontakt mit einem anderen Pflegeheimbewohner suchst, obwohl du noch verheiratet bist?[38]

Im gemeinsamen Blick in die Zukunft kann man schon miteinander besprechen, was man sich für diese und ähnliche Situationen wünscht. Man kann das sogar schriftlich festlegen und später darauf zurückgreifen. Besonders spannend wird das bei der Frage nach Sterbehilfe (Euthanasie). Vor allem: Darf ich sie wünschen? Ist sie moralisch zu verantworten?

Aus christlicher Sicht wird diese Frage unterschiedlich beantwortet. Manche finden Sterbehilfe in keinem Fall zu verantworten. Das Leben wurde uns von Gott geschenkt und ein Mensch darf darum niemals selbst bestimmen wollen, wann er oder sie stirbt. Man muss alle Möglichkeiten nutzen, um das Leben zu erhalten. Andere weisen auf die Freiheit hin, die uns Menschen bei der Schöpfung zugesprochen wurde. Gott will nicht, dass Menschen leiden, und darum muss Leiden beendet werden können, notfalls auch durch aktive Sterbehilfe. Eine Zwischenposition schließlich betont sowohl die Heiligkeit des Lebens als auch die Freiheit des Menschen, Entscheidungen zu treffen. Für die Vertreter dieser Position ist Sterbehilfe als äußerste Möglichkeit verantwortbar.

Sterbehilfe ist ein sehr schwieriges und kompliziertes Thema, das in unterschiedlichen Ländern auch gesetzlich verschieden geregelt ist. Auf jeden Fall ist sie keine normale medizinische Behandlung, keine medizinische Option unter anderen. In den Niederlanden ist Sterbehilfe immer noch strafbar, es wird allerdings auf Strafverfolgung verzichtet, wenn der Arzt sechs Sorgfaltskriterien erfüllt.[39]

Aus meiner Sicht ist es wesentlich, dass ein jeder Mensch seine Entscheidung sich selbst, seinen Angehörigen und vor allem Gott gegenüber verantworten kann. Darüber hinaus möchte ich kein Urteil dazu fällen, weil ich finde, dass ich dazu nicht das Recht habe.

Wir sollten uns dem Thema Sterbehilfe meiner Meinung nach aber anders nähern. Es geht nicht um die Alternativen Ja oder Nein, sondern darum, dass wir miteinander dafür Sorge tragen und es ausstrahlen, dass jeder Mensch wertvoll ist und bleibt, was auch immer mit ihm geschieht. Auch wenn ein Mensch andere und sich selbst nicht mehr kennt, auch wenn jemand inkontinent ist und verwirrt spricht, sie oder er ist und bleibt wertvoll. Davon Zeugnis zu geben bedeutet nicht nur, es immer wieder zur Sprache zu bringen, sondern es sollte uns motivieren, kirchliche und andere Gemeinschaften zu bilden, in denen jeder weiter dazugehört. Das ist die radikale Botschaft der Gleichwertigkeit eines jeden Menschen als Teil des Leibes Christi.

Hoffnung

Weiter zu schauen ist also wichtig. Allerdings kann man im Leben nie alles vorhersehen. Man weiß ja nie, was einem Menschen auf seinem Lebensweg geschehen wird. Das gilt auch für die Demenz, deren Verlauf nicht berechenbar ist. Man weiß nicht, was kommen wird. Oft genug verläuft Demenz nicht geradlinig. Gute Phasen werden von großen Rückschritten abgelöst und umgekehrt.

Manchmal bringt die Demenz sogar positive Seiten ans Tageslicht. So höre ich von einer Tochter: „Meine Mutter sieht zum ersten Mal in ihrem Leben glücklich aus." Sie war früher immer gestresst und wirkt nun ganz entspannt. „Jetzt will sie uns sogar anfassen und Zärtlichkeiten austauschen, früher war sie so distanziert."

In die Zukunft zu blicken ist sinnvoll, hat aber auch Grenzen.

Darum stelle ich immer auch die Frage: „Worauf hoffen Sie?" Das kann etwas ganz Bescheidenes sein, wie die Kinder bei einem Besuch wiederzusehen oder noch die Geburt eines Enkelkindes zu erleben. Oder der Wunsch nach einem ruhigen Tag. Es kann auch größer sein und weiter weg, so wie die Hoffnung, einmal bei Gott zu sein, von Krankheit und Leid befreit zu sein und geliebte Menschen nach dem Tod wiederzutreffen.

Wir dürfen tatsächlich auf ein Leben mit Gott hoffen. Hoffen auf eine Welt ohne Schmerzen, ohne Trauer, ohne Krankheiten, ohne Demenz. Ein neues Leben, in dem die Toten auferstehen. Paulus schreibt dazu in 1. Korinther 15,44 (NGÜ): „In die Erde gelegt wird ein irdischer Körper. Auferweckt wird ein Körper, der durch Gottes Geist erneuert ist."

Das heißt, dass unser Körper, der uns in diesem

Leben wertvoll ist, zu einem neuen, geistlichen Leib auferweckt werden wird. Es wird immer noch ein Körper sein, denn der macht unsere Identität aus. Und so bleibt dieser Körper, der wir sind, auch im Tod da. Aber dann als geistlicher Körper, erneuert und auferweckt, um bei Gott zu leben.

Zum Schluss

„Eine Frau aus unserer Gemeinde ist wegen ihrer Demenz gerade in ein Pflegeheim gekommen", erzählt mir ein Pfarrer in einem Kurs. „Ich würde gerne den Kontakt aufrechterhalten, weiß aber nicht, wie." Die Frau kann kaum noch kommunizieren. „Wenn ich sie besuche, stehe ich mit leeren Händen da."

Oft fehlt es nicht an der guten Absicht, sich um Menschen mit Demenz zu kümmern, aber manchmal mangelt es an Mut und Selbstvertrauen: Wird es gelingen, einen sinnvollen Kontakt zu halten? Wie mache ich das?

Es gibt gute Bücher mit praktischen Anregungen und mit Vorschlägen für gemeinsame Aktivitäten.[40] Wir dürfen die betroffenen Menschen nicht aus dem Blick verlieren. Sie zählen dazu und gehören zum Leib Christi. Sie gehören zur Gemeinschaft. Auch wenn sie selbst allmählich alles vergessen, sie dürfen niemals vergessen werden.

Deshalb ist es wichtig, Menschen mit Demenz so lange wie irgend möglich mit einzubeziehen. Wenn ein Ehrenamtlicher dement wird und seinen Aufgaben kaum noch gewachsen ist, ist es unter Umständen eine gute Idee, ihr oder ihm einen „Kompagnon“ beizugeben. Mit ein wenig Hilfe und Unterstützung kann die demente Person weiterhin ihre Gaben einbringen. Es geschieht noch viel zu oft, dass einem Betroffenen seine Aufgaben vorschnell weggenommen werden. Dadurch fühlt er sich nichts mehr wert. Das ist schade, denn mit einigem Nachdenken findet man noch Möglichkeiten, auch wenn die demenzkranke Person einer gewissen Unterstützung bedarf.

Das gilt auch, wenn demente Gemeindeglieder den Gottesdiensten nicht mehr so gut folgen können. Auch hierbei kann jemand durch einen Begleiter unterstützt werden. So braucht die betreffende Person nicht gleich ganz auf die Teilnahme zu verzichten.

Für eine Kirchengemeinde ist es wichtig, sich über Demenz zu informieren und zu wissen, welche Verhaltensweisen damit einhergehen – dass beispielsweise das plötzliche Verlassen des Kirchsaals oder unruhiges Benehmen damit zu erklären sind. Auf diese Weise kann die Gemeinde Verständnis für solch ein Verhalten entwickeln und den betroffenen Menschen weiterhin wertschätzend begegnen.

Auch in einer Kirchengemeinde kann es Berührungsängste geben im Hinblick auf Demenz und abweichendes Verhalten. Das ist Sünde. Menschen mit Demenz verhalten sich vielleicht auffällig, aber es ist gerade die Aufgabe der Gemeinschaft, sich danach zu richten und es nicht andersherum zu erwarten. Die schönen Worte des Evangeliums, ein jeder gehört dazu, bekommen auf diese Weise Hand und Fuß.

Natürlich ist es eine Überlegung wert, spezielle kleine Gottesdienste für Menschen mit Demenz anzubieten. Diese schlichten Gottesdienste sollten interaktiv sein, mit viel Musik und Liedern und einer einfachen, aber nicht kindlichen (!) Betrachtung, in der Spontaneität und Improvisation Raum haben. Es ist ratsam, die „Bibel in leichter Sprache“ zu verwenden.

Und natürlich sollten demente Gemeindeglieder auch weiterhin seelsorgliche Besuche erhalten, auch wenn sie offenkundig keine sinnvollen Gespräche mehr führen können. Schon allein durch die Tatsache, dass weiterhin Besuche stattfinden, bringt eine Gemeinde zum Ausdruck, dass dieser Mensch noch dazugehört, dass er oder sie zählt und wichtig ist.

Seien Sie dabei vor allem ruhig und geduldig und ganz präsent. Fragen Sie nicht: „Wissen Sie noch, wer ich bin?“, sondern stellen Sie sich einfach vor. Es ist wichtig, Ruhe auszustrahlen, nur ein Thema zu behandeln und Augenkontakt zu halten. Wenn verbale Kommunikation kaum noch gelingt, können Bildbände, (religiöse) Symbole oder alte Fotos benutzt werden.[41] Besuche müssen nicht immer mit einer Flut von Worten einhergehen. In der Stille begegnet man sich oft viel intensiver.

Das Wichtigste ist: Seien Sie einfach Sie selbst, authentisch und liebevoll anwesend. Unser gemeinsames Fundament ist die Liebe Christi. Wir begegnen dem Geist Gottes in einem jeden Menschen, selbst wenn er nicht mehr spricht. Jede Begegnung wird zu einer heiligen Begegnung und vielleicht sogar zu einer heilsamen Begegnung. Wir merken, dass jeder Mensch, und sei er noch so abwesend, den Atem Gottes in sich trägt.

Und schließlich entdecken wir, dass auch wir sein dürfen. Gott sieht und kümmert sich um uns, so wie wir nach der dementen Person sehen. Wir sind ebenfalls wertvoll. So kann ein Mensch mit Demenz unser Lehrer und unsere Seelsorgerin sein und uns die Liebe Christi bezeugen.

Anmerkungen

1 Vgl. Merle Schmalenbach, Aktive Sterbehilfe. Die Lebensmüden, in: DIE ZEIT Nr. 8 vom 16.2.2018.

2 BVerfG, Urteil des Zweiten Senats vom 26. Februar 2020. Der vollständige Text ist zu finden bei: https://www.bundesverfassungsgericht.de/SharedDocs/Entscheidungen/DE/2020/02/rs20200226_2bvr234715.html, abgerufen am 21.3.2020. Alle folgenden Zitate zum Urteil stammen aus dieser Quelle.

3 Da van Iersel dazu keine deutschsprachige Literatur angibt, verweise ich auf meine Bücher: Trost für Hiob. Musikalische Seelsorge, München 1999; Wie man mit Musik für die Seele sorgt, Ostfildern 2006.

4 Anm. Heymel: In Deutschland siehe: https://www.bundesgesundheitsministerium.de/themen/pflege/online-ratgeber-demenz/krankheitsbild-und-verlauf.html, abgerufen am 21.3.2020. Anm. des Verlags: Empfehlenswert sind außerdem: https://die-pflegebibel.de und: https://www.alz.org/de/demenz-alzheimer-deutschland.asp, abgerufen am 23.3.2020.

5 Teile dieses Buches sind früher erschienen in Ausgaben des Magazins CW Opinie, Kontekstueel, Onderweg, Woord en Dienst und in den Büchern von M. Vermaas (hrsg.), Mijn waardevolle zorgmomenten, Amsterdam, 2017 und M. Vermaas (hrsg.), Met liefde zorgen, Utrecht, 2018.

6 Evangelische Omroep, 21.01.2018, 11.30–11.55 Uhr, NPO2.

7 John Swinton, Raging with compassion, Grand Rapids, 2007.

8 Anm. Heymel: Zuerst in seiner französischen Schrift „Discours de la méthode“ (1637), Teil IV. Für Descartes bringt der Satz das „unerschütterliche Fundament“ aller Erkenntnis zum Ausdruck.

9 Swinton, 2007, 30. Anm. Heymel: David Hume, Dialog über natürliche Religion, 10. Teil, Kap. 14, zitiert hier den griechischen Philosophen Epikur (4./3. Jh. v. Chr.).

10 Psalm 22,2.

11 Swinton, 2007, 18.

12 Swinton, 2007, 24.

13 Swinton, 2007, 31.

14 Swinton, 2007, 33.

15 Lukas 24,13-35.

16 Lukas 24,32.

17 Vgl. W. G. Rietkerk, De kunst van het loslaten. Over spiritualiteit, Kampen, 2008.

18 Johannes 20,17; NGÜ.

19 Anm. Heymel: Der spanische Mystiker Juan de la Cruz (Johannes vom Kreuz, 1542–1591) spricht in seinem Werk „Aufstieg auf den Berg Karmel“ davon, dass der Mensch alle Gottesbilder aufgeben muss, bevor er in Liebe mit Gott vereint sein kann.

20 2. Korinther 12,7-9; NGÜ.

21 Im niederländischen Text ohne Quellenangabe. Das englische Original wird dem US-amerikanischen Theologen Reinhold Niebuhr zugeschrieben.

[22] S. Sapp, „To See Things as God Sees Them“. Theological Reflections on Pastoral Care to Persons with Dementia, in: L. Van de Creek, hg., Spiritual care for Persons with Dementia. Fundamentals for Pastoral Care, New York, 1999, 31.

[23] 1. Korinther 12,12-27; NGÜ.

[24] 1. Korinther 12,22.

[25] 1. Korinther 12,24-25.

[26] Anm. Heymel: Vgl. 2. Mose 3,14.

[27] J. Swinton, Dementia, Grand Rapids, 2012, 58.

[28] E. Scherder, Singing in the brain, Amsterdam, 2017, 301f.

[29] Anm. Heymel: In einer Predigt: Cantare amantis est – Singen ist die Sache dessen, der liebt (Sermo 336,1).

[30] P. Oskamp en N. Schumann, hg., De weg van de liturgie, Zoetermeer, 2001, 266. Anm. Heymel: Martin Luther, Über die Musik. Entwurf, 1530, in: WA 30/II, 696. Johannes Calvin: „Und wahrhaftig, wir wissen aus Erfahrung, dass das Singen große Kraft und Wirkung hat, die Herzen der Menschen zu bewegen …“ (Vorrede zum Genfer Psalter, 1542/43, zit. nach Markus Jenny, Luther, Zwingli, Calvin in ihren Liedern, Zürich 1983, 277).

[31] R. Blom, Ik moet muziek voor zichzelf laten spreken“ (Ich muss die Musik für sich selbst sprechen lassen), De nieuwe koers, 06.03.2015.

[32] Frei übersetzt nach dem niederländischen Kirchenlied: All krimpen mijn gedachten (Liedboek, 786, 2).

[33] Vgl. I. D. Yalom, Tegen de zon in kijken. Doodsangst

en hoe die te overwinnen, Amsterdam, 2012. Auf Deutsch: In die Sonne schauen. Wie man die Angst vor dem Tod überwindet, München, 2008.

34 Anm. Heymel: Der Autor bezieht sich auf die „Heilige Weisheit“, eine Sammlung von Gebetsanweisungen des englischen Benediktiners und Mystikers Augustine Baker (1575–1641), und Mozarts letzten Brief an seinen Vater vom 4.4.1787 (van Iersel datiert ihn irrtümlich auf den 22.4.). Der vollständige Brieftext ist zu finden unter: http://www.zeno.org/Musik/M/Nohl,+Ludwig/Mozarts+Briefe/ Sechste+Abtheilung/243.+Wien+4.+April+1787.

35 Matthäus 14,30.

36 Was immer die Zukunft bringen mag, mich führt des Herren Hand. Darum richte ich meine Augen mutig auf das unbekannte Land. Lehre mich folgen, ohne zu fragen: Vater, was du tust, ist gut. Hilf mir nur, das Heute zu tragen mit einem ruhigen, sanften Mut (Liedboek der kerken, 913,1).

37 J.-J. Suurmond, Meer geluk dan grijsheid, Zoetermeer, 2013, 43-44.

38 T. van Iersel, Dilemma's bij dementie, Houten, 2018.

39 Anm. des Verlags: In den Niederlanden ist die aktive Sterbehilfe seit dem 1. April 2002 unter bestimmten Bedingungen zulässig. Damit der tötende Arzt straffrei dem schriftlich niedergelegten oder mündlich ausgesprochenen Wunsch nach Sterbehilfe entsprechen darf, muss er gemäß den nachfolgenden Sorgfaltskriterien handeln:

- *Er muss zu der Überzeugung gelangt sein, dass der Patient seine Bitte freiwillig und nach reiflicher Überlegung geäußert hat.*
- *Er muss zu der Überzeugung gelangt sein, dass keine Aussicht auf Besserung besteht und der Patient unerträglich leidet.*
- *Er muss den Patienten über dessen Situation und über die medizinische Prognose aufgeklärt haben.*
- *Er muss mit dem Patienten zu der Überzeugung gelangt sein, dass es für dessen Situation keine andere annehmbare Lösung gibt.*
- *Er muss mindestens einen anderen, unabhängigen (Konsiliar-)Arzt zurate ziehen, welcher den Patienten untersucht und schriftlich zur Einhaltung der Punkte 1 bis 4 Stellung nimmt.*
- *Er muss die Tötung oder die Hilfe zur Selbsttötung fachgerecht durchführen.*

Aus: http://www.cdl-rlp.de/Unsere_Arbeit/Sterbehilfe/Sterbehilfe-in-Holland.html, abgerufen am 17.03.2020.

40 Anm. des Verlags: Empfehlenswert sind die Aufstellbücher von Anja Stroot: „Weißt du noch? Bilder und Erinnerungen mit Impulsen für Gespräch und Aktivierung“ und „Wo tanzt der Bär. Tierbilder und Erinnerungen mit Impulsen für Gespräch und Aktivierung“, die Ratgeber „Wenn die Zeit verloren geht. Praktische Tipps für Angehörige von Menschen mit Demenz“ von Ulrike Strätling und „Menschen mit Demenz begleiten, ohne sich zu überfordern“ von Uli Zeller oder – vom selben Autor – die Vorlesebücher

für Demenzpatienten: „Frau Krause macht Pause. Andachten zum Vorlesen für Menschen mit Demenz" und „Frau Schmitt fährt mit. Fröhliche Reisegeschichten zum Vorlesen und Erinnern", die auch Ideen zur Beschäftigung und Aktivierung beinhalten. Alle genannten Bücher sind erschienen im Brunnen Verlag Gießen.

41 Anm. des Verlags: Siehe die Empfehlungen aus Endnote 40.

Ulrike Strätling

Wenn die Zeit verloren geht

Praktische Tipps für Angehörige von Menschen mit Demenz

80 Seiten, Taschenbuch
ISBN 978-3-7655-4336-4

Das tägliche Leben mit einem dementen Angehörigen fordert alle Kräfte. Aber man kann es schaffen, sagt Ulrike Strätling, und dann gelingt es auch, gemeinsam schöne Stunden zu verleben. Die Autorin spricht aus Erfahrung, denn sie pflegte viele Jahre ihre Mutter zu Hause.

In diesem Buch gibt sie viele wertvolle Tipps, die sich bestens bewährt haben.

Ein leicht zu lesender, einfühlsamer Ratgeber für Angehörige von Menschen mit Demenz.

Uli Zeller

Menschen mit Demenz begleiten, ohne sich zu überfordern

Ein Ratgeber für Angehörige

128 Seiten, Paperback
ISBN Buch 978-3-7655-2062-4
ISBN E-Book 978-3-7655-7447-4

Wer Menschen mit Demenz begleitet, steht immer wieder vor schwierigen Fragen: Wie lässt sich die gemeinsame Zeit sinnvoll füllen? Wie reagiert man auf herausforderndes Verhalten? Wie schafft man es, Zeit für sich selbst freizuhalten? Wo gibt es Hilfe und Unterstützung? Dieser Ratgeber beantwortet die wichtigsten Fragen zum Thema Demenz und gibt jede Menge wertvolle Tipps von Angehörigen für Angehörige – denn sie sind die wahren Experten!

BRUNNEN VERLAG GIESSEN
www.brunnen-verlag.de

Anja Stroot

Weißt du noch?

Bilder und Erinnerungen
mit Impulsen für Gespräch
und Aktivierung

ISBN 978-3-7655-3190-3

Wo tanzt der Bär?

Tierbilder und Erinnerungen
mit Impulsen für Gespräch
und Aktivierung

ISBN 978-3-7655-3245-0

Die beiden Aufstellbücher von Anja Stroot sind dank origineller Fotos ein dekorativer Blickfang. Sie schenken Senioren und Menschen mit Demenz kleine Glücksmomente im Alltag. Auf der Rückseite der Bildkarten finden sich hilfreiche Gesprächs- und Aktivierungsvorschläge, die zugleich das Gedächtnis trainieren.

Jeweils 52 Seiten, Spiralbindung

BRUNNEN VERLAG GIESSEN
www.brunnen-verlag.de